乡村产业振兴案例精选系列

全国农业品牌
典型案例 彩图版

农业农村部乡村产业发展司　组编

中国农业出版社
农村读物出版社
北　京

图书在版编目（CIP）数据

全国农业品牌典型案例：彩图版／农业农村部乡村产业发展司组编 . —北京：中国农业出版社，2023.2
（乡村产业振兴案例精选系列）
ISBN 978 - 7 - 109 - 30451 - 2

Ⅰ.①全… Ⅱ.①农… Ⅲ.①农产品－品牌战略－案例－中国 Ⅳ.①F326.5

中国国家版本馆 CIP 数据核字（2023）第 026408 号

中国农业出版社出版
地址：北京市朝阳区麦子店街 18 号楼
邮编：100125
责任编辑：刘　伟　冯英华　杨桂华
版式设计：书雅文化　责任校对：周丽芳
印刷：中农印务有限公司
版次：2023 年 2 月第 1 版
印次：2023 年 2 月北京第 1 次印刷
发行：新华书店北京发行所
开本：700mm×1000mm　1/16
印张：12.25
字数：220 千字
定价：68.00 元

丛 书 编 委 会

本书编委会

序

　　民族要复兴，乡村必振兴。产业振兴是乡村振兴的重中之重。当前，全面推进乡村振兴和农业农村现代化，其根本是汇聚更多资源要素，拓展农业多种功能，提升乡村多元价值，壮大县域乡村富民产业。国务院印发《关于促进乡村产业振兴的指导意见》，农业农村部印发《全国乡村产业发展规划（2020—2025年）》，需要进一步统一思想认识、推进措施落实。只有聚集更多力量、更多资源、更多主体支持乡村产业振兴，只有乡村产业主体队伍、参与队伍、支持队伍等壮大了，行动起来了，乡村产业振兴才有基础、才有希望。

　　乡村产业根植于县域，以农业农村资源为依托，以农民为主体，以农村一二三产业融合发展为路径，地域特色鲜明、创新创业活跃、业态类型丰富、利益联结紧密，是提升农业、繁荣农村、富裕农民的产业。当前，一批彰显地域特色、体现乡村气息、承载乡村价值、适应现代需要的乡村产业，正在广阔天地中不断成长、蓄势待发。

　　近年来，全国农村一二三产业融合水平稳步提升，农产品加工业持续发展，乡村特色产业加快发展，乡村休闲旅游业蓬勃发展，农村创业创新持续推进。促进乡村产业振兴，基层干部和广大经营者迫切需要相关知识启发思维、开阔视野、提升水平，"新时代乡村产业振兴干部读物系列""乡村产业振兴案例精选系列"便应运而生。丛书由农业农村部乡村产业发展司组织全国相关专家学者编写，以乡村产业振兴各级相关部门领导干部为主要读者对象，从乡村产业振兴总论、现代种养业、农产品加工流通业、乡土特色产业、乡村休闲旅游业、乡村服务业等方面介绍了基本知识和理论、以往好的经验做法，同时收集了种养典型案例、脱贫典型案例、乡村产业融合典型案例、农业品牌典型案例、乡村产业园区典型案例、休闲旅游典型案例、农村电商典型案例、乡村产业抱团发展典型案例等，为今后工作提供了新思路、新方法、新案例，是一套集理论性、知识性和指导性于一体的经典之作。

　　丛书针对目前乡村产业振兴面临的时代需求、发展需求和社会需求，层层递进、逐步升华、全面覆盖，为读者提供了贴近社会发展、实用直观的知识体系。丛书紧扣中央"三农"工作部署，组织编写专家和编辑人员深入生产一线调研考察，力求切实解决实际问题，为读者答疑解惑，并从传统农业向规模化、特色化、品牌化方向转变展开编写，更全面、精准地满足当今乡村产业发展的新需求。

　　发展壮大乡村富民产业，是一项功在当代、利在千秋、使命光荣的历史任务。我们要认真学习贯彻习近平总书记关于"三农"工作重要论述，贯彻落实党中央、国务院的决策部署，锐意进取，攻坚克难，培育壮大乡村产业，为全面推进乡村振兴和加快农业农村现代化奠定坚实基础。

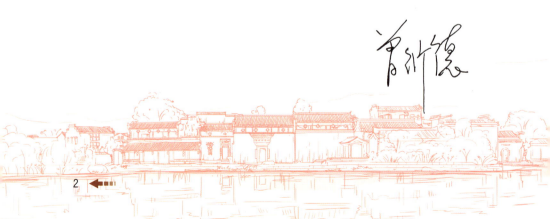

前言

　　通过出台品牌培育计划、实施品牌提升行动、建立中国农业品牌目录制度，初步构建起了农业品牌政策体系，我国农业品牌建设取得了积极成效。累计创建和认定绿色有机和地理标识农产品 4.3 万个，打造了一大批叫得响的农产品品牌。品牌化还带动了农业生产标准化，农产品质量安全例行监测合格率已连续多年保持在 96% 以上，更多绿色优质农产品受到国内外消费者的青睐。

　　农业农村部原部长韩长赋指出推进农业品牌建设，重点要在四个方面发力：坚持以市场为导向，调整优化农业生产结构和产品结构，推进品种、品质细分，做强做大品牌农产品。坚持以品牌建设促进农产品品质提升，加大质量安全管控力度，加强冷链物流基础设施建设，增加绿色优质、营养健康的农产品供给。传承中华农耕文化，运用传统工艺、创意设计、农事体验等多种方式，促进农业产业与重要文化遗产、民间技艺、乡风民俗等融合发展，提升农产品的文化价值。实施好"互联网＋"农产品出村进城工程，发展农村电商，更广泛地运用信息化手段，用品牌将企业、新型经营主体、行业协会和众多小农户连在一起，线上线下融合发展。农产品品牌建设有效提高了农产品附加值，赢得了市场和效益，加快了农业供给侧结构性改革的步伐，为乡村振兴提供了有力支撑。

　　全国农业品牌典型案例是全国各地在品牌创建工作中积累

的宝贵经验，这些成绩的取得，凝聚了全国各族人民的智慧和心血。农业农村部乡村产业发展司从全国范围内征集了500多个农业品牌成功案例，由中农智慧（北京）农业研究院组织专家团队进行评审，以利益联结紧密度、农村居民人均可支配收入以及品牌的影响力为评判标准，最终评选出全国各地23个农业品牌典型案例汇编成本书，公布并优先进行宣传推广。全国农业品牌典型案例既是对带动当地发展成就的总结和展现，又可为日后其他地区品牌创建工作的开展提供借鉴，为激发欠发达地区和农村低收入人口发展的内生动力提供可复制的路径模式，促进逐步实现共同富裕，进而推进乡村全面振兴，谱写鲜活生动的乡村振兴新篇章。

全国农业品牌典型案例展现出我国通过品牌建设推动小康社会全面建成，助力乡村振兴的有效途径，在实践中形成的经验为有效解决产业发展缓慢这一世界难题提供了科学方法。中国的经验可以为其他发展中国家提供有益借鉴，为全球产业事业贡献中国智慧。

编　者

2022 年 12 月

目录

第一章　区域类品牌

山海关大樱桃

> **导语：**山海关区自 1985 年起引进栽种大樱桃以来，在区委、区政府的正确指导和广大果农的努力拼搏下，坚持质量优先、市场导向，通过政策引导、农民参与、科技创新、规模化发展，现已形成了一个能够使农民增收、农业发展的富民产业。大樱桃产业促进了山海关区"三农"发展，尤其是帮助了山区 1.1 万农民脱贫致富。

一、基本情况

山海关大樱桃主产区位于北部浅山区，以石河镇、孟姜镇为重点，涉及全区 53 个行政村，栽植面积达 3 万亩*，其中防雨棚、冷暖棚等设施大樱桃面积到达 1 000 亩，栽培品种有红灯、美早、砂蜜豆等，年产量超过 2 万吨，产值 4 亿元。30 多年来，山海关大樱桃坚持品牌化、高端化的发展路径，始终将产品质量和品牌形象作为发展重点，实现了人无我有、人有我精、人精我特的产业格局，形成了以露地大樱桃为主、错季大樱桃为辅，早中晚熟品种合理搭配的规模化优势特色产业。

目前，全区共有大樱桃合作社 23 家，其中国家级合作社 1 家，省级合作社 1 家，市级合作社 1 家，一批技术水平高、管理理念先、辐射带动能力强的新型农业经营主体不断涌现并完善。观光采摘、休闲度假、餐饮娱乐、产品加工、体育赛事等新型农业业态不断涌现，一二三产业融合发展初现成果。

---

*　亩为非法定计量单位，1 亩≈667 米²。——编者注

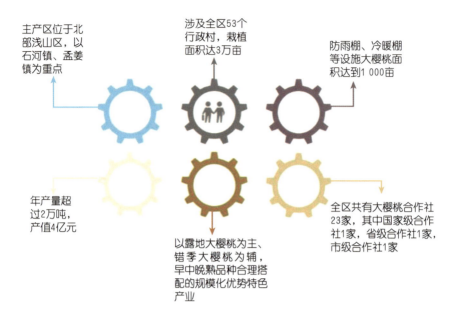

主产区位于北部浅山区，以石河镇、孟姜镇为重点

涉及全区53个行政村，栽植面积达3万亩

防雨棚、冷暖棚等设施大樱桃面积达到1 000亩

年产量超过2万吨，产值4亿元

以露地大樱桃为主、错季大樱桃为辅，早中晚熟品种合理搭配的规模化优势特色产业

全区共有大樱桃合作社23家，其中国家级合作社1家，省级合作社1家，市级合作社1家

二、主要做法

1. **政策聚焦，促进产业发展** 山海关区委、区政府高度重视大樱桃产业发展，连续多年出台发展大樱桃的优惠政策，给予农户大樱桃苗木或资金扶持，极大地调动了广大果农种植大樱桃的积极性。同时，不断加强基础设施建设，先后启动西线引水工程和农村道路村村通工程，并实施节水灌溉工程，实现村村通水通路，建设大樱桃绿道，服务乡村旅游发展。2016年，山海关区以现代农业发展思路引领大樱桃产业发展，成立了山海关区大樱桃产业园区，充分整合打包利用政策、资金，将各级政策性资金向园区倾斜，用于完善园区内基础设施，组织龙头企业、合作社等经营主体申报现代农业园区建设相关项目，同年园区被评为市级现代农业园区，翌年被评为省级现代农业园区。2016年申请市级资金40万元，开展园区新型业态融合发展试点；2017年申请河北省优势特色主导产业发展项目资金400万元，用于大樱桃设施提档升级、产地初加工能力建设和品牌宣传；2018年，山海关区农业产业强镇——石河镇获得农业农村部、财政部创建资金1 150万元，用于深化农业供给侧结构性改革，延伸产业链条，优化营商环境，补齐发展短板，推动高质量农业发展，促进乡村振兴战略落地。

2. **质量为本，铺筑品牌基石** 山海关区位于河北省东北部，东接辽宁、西通京津，处于交通枢纽，区位优势明显。区内土壤以棕壤为主，有机质丰富，酸碱度适宜，灌溉用水源自山海关区水源地，水质甘甜凛冽，空气清新优良，全年空气质量优良以上天数 267 天，占比 73%。土壤、水质、空气的综合优势，造就了山海关大樱桃独特的营养价值与口感。

山海关大樱桃酸甜适口、风味浓郁、鲜美纯正、果肉细腻多汁，相对耐运输耐存储，外观美丽，食用方便，蛋白质、钙、磷、铁、锌、胡萝卜素、维生素等均优于其他地区同类产品，富含花色苷、槲皮素、堪非醇、p 香豆酸、没食子酸、紫苏醇和褪黑素等若干重要的天然保健功能成分，具有缓解痛风、降低心血管疾病发生的风险、预防癌症、控制糖尿病等保健功能，效果明显。据中国农业科学院果树研究所检测，山海关大樱桃各项成分含量居于国内领先水平。

山海关大樱桃能与舌尖相遇而触动心灵，正因为颗颗汁水饱满、粒粒甘甜醉人的樱桃中蕴藏着山的味道、风的味道、阳光的味道、历史的味道，每一颗都是值得珍视的舌尖瑰宝。这就是山海关大樱桃的味道，也是幸福的味道。

3. 科技支撑，营造品牌优势 山海关区初步建立了多元化的科技支撑体系。与河北农业大学、河北科技师范学院、河北农林科学院昌黎果树研究所等科研院所合作，开展大樱桃产业关键技术问题联合攻关，推广大樱桃栽培管理新理念、新技术，制定了秦皇岛市大樱桃地方标准——《绿色食品山海关大樱桃生产技术规程》，为山海关大樱桃标准化生产奠定了基础。广泛邀请专家授课，提升管理水平。全国农业技术推广服务中心赵中华研究员、中国农业科学院蜜蜂研究所黄家兴博士、中国园艺协会樱桃分会张开春会长、央视《农广天地》冯秀果老师、烟台市农业科学研究院姜学玲研究员、河北省农林科学院王玉波研究员和于丽辰研究员、河北省植物保护植物检疫站王静研究员等知名专家多次来授课，传授果树栽培、蜜蜂授粉、水肥管理、病虫害防治等先进理念与技术措施，累计培训种植户 5 000 人次，促进了山海关大樱桃种植管理技术升级，极大地提高了果品质量。

特别值得一提的是，2015 年山海关区作为农业部（现农业农村部）第一个大樱桃蜜蜂授粉与病虫害绿色防控集成增效技术示范区，率先应用蜜蜂授粉与病虫害绿色防控技术集成替代药剂防控降低农药依赖，保障果品质量。农业农村部、河北省农业农村厅等领导多次调研指导示范推进，宣传山海关大樱桃。在领导的支持下，山海关区先后承办召开了 2016 年全国大樱桃蜜蜂授粉与病虫害绿色防控技术集成交流研讨会、2017 年大樱桃蜜蜂授粉与绿色防控技术集成应用现场会、2017 中国樱桃年会、2018 年京津冀大樱桃蜜蜂授粉与绿色防控技术集成应用成效观摩暨研讨培训和 2019 年秦皇岛市大樱桃蜜蜂授粉与病虫害绿色防控集成技术应用成效现场观摩暨研讨培训会等高规格会议活动。农业农村部，全国农业技术推广服务中心，京、津、冀、鲁、黔、陕等省份领导和专家，中央电视台、新华社、农民日报等主流媒体也多次对山海关大樱桃产业及绿色防控技术进行经验交流及专题报道，介绍山海关大樱桃发展的先进经验。大樱桃蜜蜂授粉与病虫害绿色防控技术推广 5 年来，辐射面积近 1 万亩，带动农户万余人，通过该技术，山海关大樱桃亩均增产 200 千克，增幅 12%，增收超过 3 000 元。

4. 文化助力，打造品牌壁垒 大樱桃经过 30 余年的发展，已与山海关紧密相连，融入山海关生活的方方面面，特别是文化生活。自 2006 年起，每年在大樱桃丰收时举办"山海关大樱桃节"系列活动，以活动带动旅游，用旅游传播品牌，用品牌塑造形象，初步形成了多元农业价值开发体系，特色节庆推介活动，扩大山海关大樱桃的知名度，打造农业休闲游和"采摘＋古城"游多张旅游名片，山海关大樱桃品牌文化和"山、海、关、城"特色文化得以全面弘扬。

2018 年，"山海关大樱桃"通过地理标志证明商标注册，并被评为河北省农产品区域公用品牌，获得河北省农业厅品牌宣传资金 200 万元，构建山海关大樱桃品牌文化优势高地，创造核心竞争优势。2019 年，在秦皇岛市委、市政府精心组织下，成功举办第十四届"中国·山海关大樱桃节"、山海关大樱桃区域公用品牌发布会，联合河北电视台制作"古韵雄关美·山海樱桃红"特别节目，在短时间内高频次引爆媒体、公众关注，提高了山海关大樱桃的知名度，扩大了区域公用品牌影响力，提升了市场认可度和美誉度，促进了大樱桃产业迈向高端市场。

同时，山海关区还积极促进大樱桃走出去。贡仙牌大樱桃和樱韵樱桃酒、山樱果汁等深加工产品，多次参加廊坊农交会、中国国际农产品交易会等重要农产品博览会，赢得一致好评，获得了河北省"名优农产品""河北省名牌产品"等荣誉。

三、发展成果

1999 年，山海关注册了首个大樱桃商标，开启了品牌化建设之路。2001 年，山海关种苗基地被河北省林业局评定为"山海关优质大樱桃种苗基地"。2004 年，山海关大樱桃通过了无公害农产品生产基地认证。2008 年，山海关大樱桃生产标准化示范区通过了省级示范区验收，山海关大樱桃标准化生产体系初步建立。2010 年，顺利通过了"国家级标准化生产示范区"验收和全国绿色食品原料（大樱桃）标准化生产基地验收。2013 年，山海关大樱桃列入农业部《特色农产品区域布局规划

（2013—2020 年）》。2018 年，"山海关大樱桃"通过地理标志证明商标注册，并被评为河北省农产品区域公用品牌。

通过 30 多年来大樱桃产业的持续发展，山海关区取得了"中国樱桃之乡""中国大樱桃优质产区"等荣誉。2019 年，山海关大樱桃品牌形象设计完成，品牌发展路径进一步明确，全新的形象预示着山海关正紧紧抓住乡村振兴战略和京津冀协同发展的历史性机遇，努力朝着"富果农、美家园、乐游人"的方向不断前行。

羊 肥 小 米

> **导语：**武乡县拥有独特的区域特色自然资源，所产小米色泽金黄、营养丰富、米油浓稠，一直受到市场上广大用户和经销商的青睐。但武乡县小米产业和产品的品牌化程度极低，产业经营主体小、散、乱的格局长期存在，绝大多数产品依然以原料为主体进入市场参与竞争。大面积低价出售，导致优质小米资源无法获得品牌溢价，无法提升品牌价值。

一、主体简介

山西太行沃土农业产品有限公司（以下简称太行沃土公司）成立于2016年2月25日，注册资金1 000万元，是一家集种植、加工、销售于一体的生态农业企业，中国首家小米私人订制服务商，省级扶贫龙头企业。

公司秉持"不忘初心，只为一口好粮"的核心观念，致力于国内外市场的开拓。2018年太行沃土公司快速健康发展，3月被长治市脱贫攻坚领导小组授予"全市脱贫攻坚贡献奖"，5月晋皇牌羊肥小米首批获得"山西小米"商标使用权，成为2018年中国小米品鉴会上榜品牌。2018年10月15日，在武乡县委、县政府的支持下，上司乡岭头村成功举办中国·武乡第一届农民丰收节暨武乡小米开镰节。2018年12月24日，太行沃土公司荣获"省级扶贫龙头企业"称号。2019年5月，太行沃土公司被山西省粮食行业协会授予"山西省放心粮油加工企业"称号，晋皇牌羊肥小米获得放心粮油产品称号。

二、模式概况

1. 模式概况　武乡县位于山西省东南部，处于北纬36°～37°谷物黄金生长带，境内黄土、红壤分布广泛，土质深厚，土壤呈弱碱性、pH为8.04、有机质含量高，昼夜温差大，是全国优质小米的核心产区和主产区。从2015年开始，太行沃土公司因地制宜，将种植主导产业由传统农作物调整为有机小米等特色小杂粮，并坚持走"品牌＋贫困户＋基地＋产业"的发展路径，创建羊肥小米这一高端品牌，同时，为实现农业产业规模化发展，借助网络红利，入驻电商平台，充分发挥经营主体在产业结构调整中的引领、带动和辐射作用,采取流转土地、大户联合及订单农业的种植方式,不断扩大产业规模,带动群众增收致富。目前,该公司已将羊肥小米种植基地扩建至 13 700 余亩。

2. 发展策略 为打造专属小米品牌,山西太行沃土公司决定从"优品种、强品质、创品牌"三品入手。种植的羊肥小米从施肥、供种阶段,由公司统一购买发放给农户,并补助资金 440 元/亩。在强化品质的基础上,建立"种—管—收—销"流程,采取规范化种植、精细化管理、季节性采收、统一销售的方式,用有机发酵羊粪作为肥料,种植过程坚决不用杀虫剂、除草剂,确保产品绿色、安全、有机;销售环节严把质量关,做好电商平台销售的售后服务,不断提升羊肥小米品质。在优品种、强品质的基础上,注重品牌包装,充分利用生态资源好、环境好的优势,对产品进行整体包装、策划、推介,重点打造羊肥小米品牌特色,扩大宣传影响力。

3. 主要做法

(1) 第一板斧。

一是全产业链把控,带动产业加速发展。创建山西生态有机小米示范基地,是太行沃土公司的核心目标之一。2016 年以来,羊肥小米依托武乡县得天独厚的小米产区环境资源,走全产业链把控的农业产业化发展道路。以高品质为基础,大力推进羊肥小米基地建设。

二是严格品控,采用标准化种植模式。羊肥小米基地采用标准化种植管理模式,基地多以高山梯田和沟坝地为主,土质多为弱碱性红黏土,土壤较肥沃,昼夜温差大,全年平均气温 8~9℃,年平均降水量 650 毫米。羊肥小米在种植过程中只用天然有机发酵羊粪肥,谷种优选晋谷 21;所有物料都由公司统一采购、严格把关,经抽检合格的羊肥方可逐一发放至农户的手中，农户根据土壤检验成分的结果进行科学合理用肥。

三是三户联保，确立订单式合作关系。通过签订绿色农作物种植产销合同，与贫困户建立订单式生产关系，在羊肥小米种植基地推行轮种技术，比如：为了防止土壤弱化及病虫害发生，第一年种植谷子，第二年轮茬种植玉米或豆类。为了防止轮种造成农户收入降低，公司会给予其每亩地 400 元轮茬补贴和 40 元秸秆还田补贴，且与农户约定保价收购协议，公开承诺每年谷子的收购价格不低于 2.5 元/千克。并从 2018 年开始推行三户联保制度，相互监管、相互制约，保障农田标准化管理制度有效实施，实现统一品牌、统一标准、统一管理、统一销售，在根本上保障贫困户发展产业的同时，确保土地不上化肥、农药、杀虫剂、除草剂，为子孙后代留一片干净的土地。

四是精准溯源，建立系统化质量追溯体系。在基地路口交汇处、高坡点安装了 24 小时视频追溯设备，通过该追溯设备，包括公司管理人员在内的每一个用户可以通过公司产品二维码进入监控系统，实时查看基地农事生产活动。

视频追溯设备

成立了土壤质量检测小组，购买了土壤检测设备，对试验区基地的土壤逐块化验并建立土壤检测档案，根据土壤检测结果，及时向农户反馈，指导科学补肥。

统一地点收购，秋收时节统一安排谷穗打场，在保证产品干湿度符合标准的情况下使用专属羊肥谷子收购袋，为每一袋谷子配备"身份证"（标明收购日期、农户来源、干湿度、数量）。

在武乡电子商务中心的支持下为每款产品包装配备了追溯二维码，扫

土壤质量检测小组

描该二维码即可精确地追溯到基地、农户等相关信息。保证每一粒从基地出来的羊肥小米都是健康安全的好小米，让消费者吃得放心、舒心。

（2）第二板斧，品牌铸造小米整体溢价。2017 年 10 月 26 日，武乡小米顺利通过北京 2017 年第三次农产品地理标志登记专家评审会审定，正式获得国家农产品地理标志认证，本次获得认证提高了武乡小米产品的附加值、竞争力和知名度，为促进武乡小米产业做大做强提供了契机。政府积极筹备申报资料，认真迎接中国粮食行业协会专家调研组实地考察，成功申报为中国小米之都（山西·长治），有力提升了武乡小米品牌知名度，为武乡小米产业的快速发展作出了积极贡献。

2016 年开始，将展会推广作为品牌建设的重要途径，在武乡县委、县政府及相关部门的支持下，晋皇牌羊肥小米先后参加了美味中国行郑州站、福州海峡交易会、北京太行特产展、山西品牌北京行、北京国际农业农产品展览会、第十五届中国国际农产品交易会、中国粮食交易大会、山西小米品牌推介活动等各类展销会 106 场，并在上司乡举办武乡小米丰收节，"中国小米之都"首届武乡小米春播节等系列活动，各大媒体争相报道，有效提升了羊肥小米及武乡小米的品牌知名度和市场占有率。

2018 年开始，太行沃土公司在丰州镇兴盛垴村新建晋皇绿色有机现代农业产业园，以小米产业为主，实现一二三产业融合，在转变农业经营方式的前提下，以绿色农业建设为主，同步进行小米产业配套建设，形成了基地、示范、教育、观光、度假、科研组合一体化建设模式。将晋皇绿

羊肥小米展销会

色有机现代农业产业园综合开发与产业扶贫工作结合发展，与农民建立紧密联结机制，在当地形成较为完整的农业产业链和价值链，培育壮大当地优势主导产业，构建现代农业产业体系，使农民真正实现靠产业脱贫、靠产业致富。

以羊肥小米为典型代表的企业品牌的成功打造，极大地提高了武乡小米这一区域品牌的知名度，抬升了武乡小米的市场占有率，带动了武乡小米品牌的整体溢价。目前，武乡普通小米的价格稳步上升，从2015年之前的2元/千克（均价）到如今的5元/千克（均价），价格翻了倍，部分品牌小米价格增长至7.5～10元/千克，溢价效益明显，直接带动了农户收入增加和武乡小米产业格局的良好发展。

（3）第三板斧，电商布局全渠道推广营销。微信公众号造势，从消费者关注的健康、养生入手，利用美食、美文等吸引消费者的眼球，宣传销售羊肥小米，激发消费者的购买欲望。

借助互联网红利进行全渠道推广营销，淘宝、京东、微商城、天猫旗舰店等线上平台相继投入运营。积极与盒马鲜生、百果园、集食惠、本来生活等知名农业线上线下平台开展合作，有效解决农产品流通问题，并利用今日头条、快手、网易直播、抖音短视频等新媒体流量红利期，对武乡小米产业进行宣传，提升武乡小米等区域公用品牌形象，打造武乡小米粉丝效应，强化特色优质产品支撑。

利用直播借风起势，2019年5月21日举办"中国小米之都"武乡小米首届春播节，现场100个微店村民和30多个创客小院共计100多名农民网红参与直播，短短6个小时内，关注人数累计达到13万人，销售额达到106万元。邀请到杭州全链供应链公司进行电商专家把脉、大咖授课、头脑风暴、电商论坛和专题分享等活动，帮助基地农户转变观念、激发内生动力，利用互联网电商渠道为脱贫致富助力。

三、利益联结机制

1. **订单农业，回购协议保障**　山西太行沃土农业产品有限公司通过与贫困户建立订单式生产关系布局有机小米，与贫困户达成结对子帮扶计划，签订谷子种植收购协议，以高于市场 2 倍、不低于 2.5 元/千克的价格回收谷子，实现统一品牌、统一销售，从根本上保障了贫困户增收。

2. **垫资购买种子肥料，解决贫困户顾虑**　山西太行沃土农业产品有限公司先后投资 5 500 万元在武乡县上司乡、丰州镇、韩北乡建成 13 700 亩标准化生产基地。公司采取"春借秋还"方式，垫资为贫困户提供种子、肥料、农具，并对秋季秸秆还田给予补助，贫困户按照公司的技术要求进行谷子种植管理。

3. **租地务工，稳定增收渠道**　山西太行沃土农业产品有限公司在丰州镇兴盛垴、郑家垴流转土地 800 亩，该村 34 户贫困户每年每亩可得租金 500 元，通过村子里的"晋皇农业田园综合体"建设项目，每年每户打工收入也能达到 2 万多元。

四、主要成效

1. **走出一条现代绿色有机农业发展新道路**　羊肥小米借助自身的发展优势，积极鼓励引导农民进行土地流转，发展规模化经营。截至 2019年，羊肥小米基地累计建成订单农业、土地流转 15 000 余亩，全县百亩以上的种粮大户已达到 80 家，并且相继通过"三品一标"认证。羊肥小米始终坚持"只施用原生态发酵羊肥，沿用古法有机旱作"打造高端优质品牌。经过 3 年努力，羊肥小米已跻身于全省现代优质绿色有机农业行业，不仅将小米卖到了40元/千克的天价，也带动了10万亩武乡小米价格的整体跃升。

2. 走出一条现代农业龙头企业带动贫困户增收新路径 太行沃土公司从过去的指导、培训贫困户网上销售农产品，到形成线下组织带动、线上统一销售，再到线下客流线上化、线上客流粉丝化；由过去开网店，到现在运用快手、抖音等自媒体进行宣传推广和销售，让贫困户足不出户、人不出村实现增收脱贫。2018年，羊肥小米的年销售额达2 013万元，种植羊肥小米的农户达614户，其中，331户贫困户、925名贫困人口已成功脱贫，农民年平均纯收入达7 000元，走上了绿色、持久发展之路。兴盛垴村60多岁的老军人武四田一边数着卖米的钱，一边笑得合不拢嘴，他说："没想到，种了一辈子的小米，前面加上'羊肥'两个字，这价钱就打着滚翻上去了。"

3. 走出一条农业供给侧结构性改革新路径 农村的发展在产业，产业的发展在提升和创新。在优化产业布局的同时，羊肥小米把发展新产业作为推动现代农业转型的重要抓手，积极探索休闲农业与乡村旅游产业融合发展的新体系。着力推进了"晋皇农业田园综合体"乡村旅游开发项目，加速推进农业、休闲旅游、教育文化、健康养生等深度融合，大力发展观光农业、体验农业、创意农业、乡村手工艺、农家乐、特色美食等多元素的乡村新产业。与之呼应，羊肥小米紧紧抓住国家鼓励发展"互联网+"的大好机遇，利用已经成熟的京东、淘宝、天猫、微信商城等电商平台，大力发展电子商务，促进传统产业与电子商务产业深度融合。羊肥小米现已销往全国各大中城市，销售量高于往年，销售渠道的拓宽使农民的钱袋子进一步鼓涨了。

1.走出一条现代绿色有机农业发展新道路	2.走出一条现代农业龙头企业带动贫困户增收新路径	3.走出一条农业供给侧结构性改革新路径

五、启示

自羊肥小米创立3年以来，依托精准的绿色健康品牌化战略，大力拓展国内市场，提升品牌形象，迅速成长为市场领先的小米品牌企业。

1. 政府推动有力度 武乡县委、县政府通过全方位布局，加强多部门协调、多领域联动，集聚多方要素，县农业农村局在工作规划上，有《武乡县2019年绿色有机旱作农业封闭示范区创建实施方案》，把有机旱作农业工作纳入全年工作重点，与其他工作进行同检查、同考核，从而基本上建立起了多层次、全方位的顶层架构，协同各部门、各企业推进有机旱作封闭示范区工作的有效开展。

2. 龙头带动促发展 公司作为扶贫的龙头企业，按照差异化的市场思维，提升品牌的知名度和竞争力，公司与盒马鲜生、百果园、有好东西·十荟团、首都机场要客通道、上海禾煜集团、居然之家、京津冀农副产品配送中心、北京志广果蔬生鲜连锁集团、北京新发地、本来生活等知名品牌企业开展合作，使小米在山西、北京、上海、广州、深圳的市场占有率大幅提高。

3. 农户致富有保障 羊肥小米按照定制化农业的要求，采取订单种植、保护价收购、统一技术服务的方式，努力突破贫困户种植技术水平不高、销售不畅、抵御市场风险能力不强的瓶颈问题。依托精准的绿色健康品牌化战略，大力拓展国内市场，提升品牌形象，解决农户的后顾之忧，染树坡的支书王立峰逢人就说："这是党的扶贫政策好，现在入股了羊肥小米，不怕干旱、不怕死苗、不怕绝收，轮耕期间补贴照给，没有收成时，流转费、轮茬补贴和按最高价结算的平均亩产钱都照给，只要人勤快点，想不脱贫都不行"。

下一步，羊肥小米品牌将在武乡县委、县政府的直接领导下，在各级党委领导和政府的关心下，努力在小米这个品类里，延伸产业链、打造供应链、提升价值链、形成财富链，为武乡的精准扶贫和乡村振兴助力。

崇明翠冠梨

导语： 近年来，上海市崇明区积极增加优质品牌农产品供给，不断加强崇明绿色农产品的品牌建设，全力打造全国知名的都市现代绿色农业高地。在初步完成崇明大米、崇明清水蟹、崇明金沙橘等区域公用品牌整合的基础上，又积极整合庙镇馥怡、堡镇丰艺、绿华农贸3个本地区优质品牌，全新推出崇明翠冠梨这一区域公用品牌。通过试点推进果品订单销售模式，以强化政府引导、全程把控品质、集中统一供货、完善售后服务的形式，克服了崇明翠冠梨上市周期短（15天左右）、果品量大且上市期集中而造成的果品滞销等问题。通过新闻媒体的宣传报道以及优质果品的口碑积累，崇明翠冠梨这一区域公用品牌授权基地的果品销售周期较往年同期明显缩短。3家基地充分发挥品牌效应的辐射带动作用，为周边地区农户带来了明显效益。

一、总体概况

崇明岛素有"长江门户、东海瀛洲"之美誉，是世界上最大的河口冲积岛，中国第三大岛。崇明的沙质土壤沉淀了多种碳酸钙及有机物，因其得天独厚的自然生态环境，使得崇明出产的优质农产品的品质与口感逐年提升。

崇明是上海果树栽培主要区县之一。长期以来，柑橘是崇明的主要栽培果树，但近年来，崇明柑橘产业发展形势严峻，而以翠冠梨为代表的新兴果树产业得到了较好的发展。由于崇明翠冠梨甘甜多汁、消暑解渴、美味可口、健康绿色且富有较高的营养价值，已渐渐成为深受市民喜爱的时令佳品。到目前为止，崇明现有翠冠梨种植面积约6 300多亩，主要分布在庙镇、绿华、堡镇、港沿等乡（镇）。总产量约为1.2万吨，总产值近亿元。

为确保品质安全，首批纳入崇明翠冠梨区域公用品牌的种植基地好中选优，由崇明区农业部门从全区300多个种植主体中遴选了3个通过绿色认证的标准化、规模化的农业种植主体，分别为上海绿华农贸总公司、上海丰艺果蔬专业合作社和上海鸽庆果蔬种植专业合作社，仅选用了全区400亩梨园作为种植基地，其中鸽庆合作社位于崇明最早一批种植翠冠梨的庙镇鸽龙村，栽培技术趋于成熟，产品品质稳定，已有一定的市场知名度。除庙镇外，其余两家合作社所在的绿华镇和堡镇的翠冠梨种植面积和种植水平在全区也位居前列。翠冠梨果品不易运输和储存，因此一般面向江浙沪地区销售，主要消费市场为上海市场。

二、主要做法

2019 年初，为了全面打响农产品区域公用品牌，丰富以崇明为地域标志的山水品牌系列产品，崇明区对现有的优质翠冠梨品牌进行整合，全新推出崇明翠冠梨这一区域公用品牌。通过政府主导的形式，组织建立产业联盟，打破往年翠冠梨种植户口口相传以及批发收购的销售模式，积极开拓线上渠道，以线上订单＋线下团购的销售模式为主，为崇明翠冠梨产业注入新生力量，助推翠冠梨产业焕发新生机，为今后开拓市场、打开销路奠定坚实的基础。

1. **加强技术指导，抓好绿色生产**　为进一步提升标准化生产水平，促进崇明区翠冠梨产业持续健康发展，2019 年初，崇明区林果技术服务部门对崇明翠冠梨生产技术规程和品质标准进行了进一步完善，并制订了针对重点生产基地的宣传和培训计划，根据翠冠梨的生长特点制定了崇明翠冠梨技术管理周年历，重点对纳入区域公用品牌的 3 家种植主体的肥水管理、病虫害绿色防控、品质标准把控等关键技术实施全程跟踪技术服务。通过"百千农场"工程和科技入户，开展种植基地的日常技术指导和监督检查，进一步增强广大果农的农产品安全生产意识。

在病虫害防治上，翠冠梨种植基地采取物理防治＋生物防治的方式，利用人工捕捉、灯光诱引害虫、放置性引诱剂杀虫等方法科学除虫，减少杀虫剂使用；利用人工授粉使果实增大、果形端正，进而提高果品品质；疏花疏果，合理控制果实数量，保证每颗果实得到充足的肥力和营养，避免由于盲目追求高产量而导致果品品质下降。

此外，为充分提高农业从业人员的科学种植技术，2019 年 3 月，崇明区林果技术服务部门特邀上海市农科院林果所梨树专家，分别在庙镇和绿华镇两个翠冠梨种植比较集中的乡镇，为部分翠冠梨重点生产基地和种植大户开展春季管理技术培训。专家们在讲解之余还现场解答参训人员提出的疑问，帮助应对种植中遇到的问题，将科学种植技术正确运用到实践中，大大提高了崇明区翠冠梨种植户的科学种植水平，加强了优秀科技成果的转化。

2. **统一标准体系，严格控制品质**　为提高市场辨识度，形成可复制、可推广的区域公用品牌模式，崇明区统一品牌打造模式，将产品形象与地区文化相融合，在推广产品的同时，将文化理念传递给消费者，以提高产品核心价值。在商标设计上，以"崇"字为本，设计具有地理文化特色的"山水"标志商标；在包装设计上，根据崇明地域特征、产品特征、受众研发一系列专属的包装；在网站设计上，也使用符合现代群体审美的具有鲜明个性画面以及简洁操作版面，为用户提供舒适的消费体验。3家被授权使用崇明区域公用品牌的翠冠梨种植基地还共同签署了《崇明区域公用品牌"崇明翠冠梨"使用承诺书》，承诺书对品质、内外包装、装箱、物流、售后等上市前后的各个环节进行了约定，确保了崇明翠冠梨的高品质。

因果品受温度、环境、气候等影响，为追求最佳口感和品质，崇明区农业部门以及各种植基地均对果品的甜度、果品的硬度、果籽的颜色、果肉与水分比例等指标进行监测，只有各项指标都达到采摘标准时，果农才被允许手工采摘，采摘后的果品按照大小、成熟度、重量进行筛选分配，并按不同的种类和大小分装，使得每箱水果都尽可能达到统一的规格、成熟度以及口味。在上市前，基地果品均被送往专业机构严格检测，检测报告应显示果品无高毒、高残留的农药成分。除常规检测外，为确保万无一失，种植基地每天对果园果品进行农残随机抽检，并在发货前将不同批次果品送往食品药品监管部门进行权威检测，检测通过的果品方可发货出库。

3. 加强品牌宣传，打响品牌知名度 为进一步推广崇明翠冠梨这一区域公用品牌，由崇明区农业农村委联合区委宣传部通过统一集中的方式，科学规划品牌全年推广计划，协同推广崇明农产品区域公用品牌和地产优质农产品。同时，积极推荐相关企业参加国际、国内具有影响力的各类农产品展示展销会，提升崇明农产品的市场知晓度和影响力。2018年，先后组织企业参加上海崇明自行车嘉年华农产品展示展销、长三角休闲农业博览会、伊朗国际食品展、2018上海崇明翠冠梨品鉴会农产品展示展销、上海金秋农副产品大联展、第十六届中国国际农产品交易会等多项活动。

2019年7月，在果品上市前崇明区做了大量的品牌宣传工作。考虑到翠冠梨是鲜果类，不适宜长途运输，因此，应将广告推广主要集中在上海地区，进而辐射江浙等省份。在岛内，特邀本地新闻媒体到翠冠梨基地现场进行实地采访报道；在岛外，根据产品受众特点选取了上海一些中高档社区投放实体广告。此外，还借助新媒体力量，以上海发布、上海崇明、崇明"三农"等微信公众号为载体预热发布、实时跟踪最新动态，通过提高点击率和转发率提高崇明翠冠梨品牌的曝光率，进一步提升了崇明翠冠梨品牌的地区公信度和认可度。

4. 线上线下并重，拓展销售渠道　为提高品牌的独特性和认可度，崇明区专门开设农产品区域公用品牌官方渠道平台——崇明米道微信商城以及生崇太明天猫旗舰店，同步销售区域公用品牌系列农产品。在此次崇明翠冠梨的品牌销售上，除官方销售渠道外，崇明区还积极对接本来生活、上海青盟等线上零售渠道，积极提高品牌知名度和电商平台占有率，为吸引线下客源奠定了基础。

由于翠冠梨具有果品质量大、运输易损耗、常温保质期短等特点，再加上线上销售的物流成本过高且用户体验不如线下，崇明翠冠梨的销售还是以线下销售渠道为主。为打开崇明翠冠梨的上海市场，2019 年 7 月 27日上午，农业部门联手惠享集市，在上海市长宁区缤谷广场开展了崇明翠冠梨专场集市活动，活动取得了良好的效果。时值翠冠梨上市之际，集市现场通过免费品鉴试吃的形式吸引了大量市民，大家一致认可翠冠梨的优质口感，纷纷争相抢购新鲜果品，真正实现了岛内岛外同频共振、线上线下两地生花的生动局面。

为应对崇明翠冠梨上市集中、保鲜困难等特点，崇明区还重点加强了单位团购业务的拓展。其中，20 位市选崇明驻村指导员也积极帮助种植户拓展销路，在获悉翠冠梨大量上市急需销路的情况后，当机立断，以团队合力为核心，挖掘和发挥各自资源优势，或协调网销平台、或动员企业、或发起个人团购等，在短短的两周内，把香脆可口的崇明翠冠梨送到千家万户。

5. 完善售后服务，树立良好口碑　为树立良好的行业口碑，提升客户满意度，崇明区在翠冠梨的售后服务中力求完美。翠冠梨的商品属性特殊，果品本身可能隐藏擦伤，在运输过程中还会产生果品损耗，因此在销售过程中不可避免碰到产品质量问题。面对客户所提出的产品质量问题，统一按果品本身售价的 2 倍进行退款处理，如 1 箱坏果超过 3 个（共 12个），则按照全额退款或补发 1 箱处理，确保客户得到最佳消费体验。在整个销售过程中，崇明翠冠梨的产品投诉率为零。

为建立起良好的互动反馈机制，在果品销售完成后，崇明区农业部门随机抽取部分消费客户进行电话回访，重点了解客户对消费全过程的满意程度，包括果品质量、产品包装、物流运输等环节，并对客户提出的疑问一一解答。此外，对客户提出的意见和建议进行有效的总结归纳，从中改进工作、改进产品、改进服务。通过客户回访不仅解决了销售中存在的问题，而且对改进品牌形象和维护客户关系起到了一定作用，为崇明区做好其他农产品市场化推广提供了经验。

除了消费终端回访外，崇明区农业部门对授权种植的 3 家主体也进行了销售情况回访，较为全面地了解了销售主体在传统销售模式向新零售模式转变过程中遇到的问题和困扰，认真听取了主体对物流运输、产品包装上提出的意见和建议，并进行及时的沟通和改进，建立了良好的合作互动关系。

三、主要成效

自崇明翠冠梨 2019 年 7 月 25 日新鲜上市以来，果品需求持续上涨，销售周期较往年同期明显缩短。正式上市仅 1 周左右，崇明翠冠梨区域公用品牌授权的 3 家基地中，绿华农贸公司及庙镇鸽庆合作社果品几近售罄，相较往年的销售周期缩短了 1/2 以上。据不完全统计，整个销售期间，3 家基地的翠冠梨销售总量高达 31 万千克。

为充分发挥品牌的辐射带动效应，满足供货需要，在实地查看拟带动种植户生产水平、严格把关果品质量的前提下，绿华农贸公司优先收购周边老党员、困难群众的优质翠冠梨，消化吸收了周边种植户 1 万～1.5 万千克果品，拓宽了周边农户的销售渠道，有利于增加农民收入，有效地将品牌效益带给周边农户。

崇明翠冠梨区域公用品牌的创建为打开崇明翠冠梨消费市场、打响品牌知名度奠定了坚实的基础。今后，崇明区将持续整合提升优质农产品品牌，以品质促进品牌建设，以品牌带动产业升级，以产业助推乡村振兴。此外，还将加快对接优质品牌的销售渠道，布局中高端农产品市场，提升崇明优质农产品的品牌知名度和产品附加值，让崇明优质农产品走进千家万户。

四、启示

崇明区为上海农业大区，农业的发展水平直接制约本地区社会经济发展水平，为打破传统农业发展的瓶颈，打造匹配都市现代绿色农业发展方向的区域公用品牌，一是要强化品牌意识。2018 年，崇明区专门成立了政府全资公司运营区域公用品牌农产品，并积极注册山水标志的区域公用品牌商标，强化品牌意识，提高崇明区域公用品牌在市场上的辨识度和美誉度。在品牌运营中有较强的品牌保护意识，积极维护地区品牌的公信力和权威性，不做有损声誉的事，以提高市场竞争力。二是要政府宏观引导。由于农产品营销体系不健全，产销信息不畅通，农业生产存在一定的盲目性，政府职能部门在掌握更多资源和信息的情况下要加强引导，以科学为导向，合理改变产业结构和布局，避免产生内部竞争，为农民赢得更广阔的消费市场。三是要提高机械化程度。为解决人为分拣水果质量低、效率差、成本高等问题，今后崇明区将引进水果智能分拣设备，利用人工智能系统对果品的颜色、重量、果径、酸甜度、可溶性固形物含量等指标进行快速检测，同时对果品表皮及内部损伤进行智能识别，从而对果品进行等级挑选。劣质果品会被送到废品箱，优级果品将以鲜果形式供给中高端市场，次级果品将被加工成果酱、饮料、膏方等产品，从而拉长果品产业链，提高果品附加值，不断推动崇明农业实现"三高"的发展目标。

庄 行 蜜 梨

导语：庄行镇位于上海市的正南，濒临杭州湾，距市中心约 50 千米。全镇区域面积 69.4 平方千米，人口约 6 万余人，下辖 16 个行政村 3 个居民区。

庄行蜜梨，上海市奉贤区特产，全国农产品地理标志。奉贤庄行得天独厚的自然气候条件与土壤情况适宜庄行蜜梨生长发育，形成了庄行蜜梨独特的品质。庄行蜜梨是庄行三大优质农产品之一，被农业农村部评定为"一镇一品"项目已经多年，庄行蜜梨以其个大味甘、脆嫩多汁而闻名遐迩，是服务 2010 年上海世博会候选基地生产的优质水果。庄行蜜梨亩产量在 2 000 千克以上，甚至可达 2 500～3 000 千克。至 2017 年底，全镇蜜梨种植户已达 800 户，种植面积 4 000 多亩，年产量为 800 多万千克；其种植核心区域为庄行镇潘垫村、吕桥村、芦泾村、杨溇村、存古村等。庄行蜜梨产自庄行镇的万亩蜜梨种植基地，梨果脆嫩多汁、香甜可口，梨香别致，果肉含糖量达 12％以上，并含有丰富的维生素、游离酸、果胶质、蛋白质、脂肪、钙、镁、磷、铁等营养成分，是"庄行八宝"之一。

庄行蜜梨

一、主体简介

庄行镇平均海拔为 3.75 米，地属长江三角洲冲积平原，地势平坦，境内河港交叉，水系发达，地形呈东高西低之势，副热带海洋性气候，气候温和，降水丰沛，光照充足，四季分明。年平均气温 15.8℃，1月平均温度 3.6℃，7.5℃以下低温时间在 1 000 小时左右，符合蜜梨对低温的需求。3月底到4月初温度在15℃左右，最低气温一般在5℃以上，正适合梨树开花结实。7～8月正值高温干旱，平均最高温度达 27.8℃，有利于糖分转化。日照时间较长，年平均日照为 1 919.8 小时。年平均降水量为 1 221.4 毫米，能满足蜜梨对光照和水分的需求。奉贤庄行发展蜜梨产业的自然气候条件得天独厚。

庄行镇土壤以青黄土、沙性青黄土为主，占庄行地区耕地面积 90%以上，质地中壤偏轻，宜耕期短，耕种较为省力、通透性较好，好气性微生物活动力强，养分释放快，保肥性能也较好，养分含量属中上水平，适宜庄行蜜梨生长发育，形成了庄行蜜梨独特的品质。

自 1998 年起，庄行镇抓住新农村建设机遇，积极发展经济林作物，大规模种植庄行蜜梨。20 多年来庄行蜜梨的知名度、美誉度大幅提高，正逐渐形成综合优势，成为奉贤乃至上海的重要农产品品牌。

二、模式简介

1. 模式概括　庄行蜜梨皮薄、汁多、味甜、核小。果形分圆形、圆锥形或长圆形，果皮暗绿色至褐色，果心较小或中等，果肉白色，肉质脆嫩多汁，口味甜。可溶性固形物含量 11.0%～13.9%，可滴定酸含量 0.12%。除了其他梨果所具有的营养价值外，其还富含钙、铁、锌、胡萝卜素等多种人体所需的氨基酸和矿物质微量元素。平均单果重 250 克，最大单果重为 450 克，耐储藏。

庄行镇种植蜜梨的历史悠久，距今已有 600 多年，早在元末明初就有记载。元代词人张之翰在至元末年（1340 年）自翰林侍讲学士调任松江知府，曾写有《婆罗门引·赋赵相宅红梨花》一词赞美梨花。据《庄行志》记载，明初洪武三年（1370 年），松江府华亭县（今上海市奉贤区）诗人袁凯的《白燕诗》就曾这样描写："柳絮池塘香入梦，梨花庭院冷侵衣。"

1949 年前，庄行镇由于缺乏技术指导，梨树的种植规模、产量一直没有提高。

1949 后，庄行镇在 1958 年"以粮为纲，全面发展"的大背景下，年底从唐山引进新品种梨苗，栽种 40 亩，农民纷纷在果园周围、家前屋后栽种梨树。1963 年产梨，后种植面积有所扩大。

1977 年，庄行镇已种植 44 亩梨树，产梨 10 万千克左右。

1998 年冬，从浙江慈溪引进翠冠、黄花梨苗 3.6 万株，重点在姚泾

（现庄行镇存古村）、潘南村（现庄行镇潘垫村）58 户农户中试种。

2001 年，产梨 198 吨，产值 100 多万元。

2002 年，扩栽梨树苗 25.2 万株，585 户农户种植，产梨 524 吨，产值 157 万元。梨树主要集中种植在杨存路、庄芦路、庄良路、姚存路、姚新路等主要道路两侧。

2003 年，庄行镇又栽种梨树苗 14.4 万株，315 户农民种植，种植面积 207 公顷。当年全镇累计种植梨树 440.8 公顷，产梨 1.1 万吨，产值 4 400 万元。同年，庄行镇成立第一家蜜梨合作社，并注册"奉叶"牌商标。

2007 年，庄行镇成立了蜜梨研究所，同年规划和实施了一镇一品（庄行蜜梨）项目。

2008 年，庄行镇举办了第一届梨王争霸赛，庄行镇种植面积 7 400 亩，占整个上海市蜜梨种植面积的 45%，是上海市最大的蜜梨生产基地，梨平均亩产量达到 1 500 千克以上，亩产值达 6 000 多元。同年规划和实施了庄行蜜梨区域特色项目、蜜梨采摘游项目等，在姚泾村 2 组、潘垫村 5 组，建立了 2 个百亩以上优质蜜梨科普示范基地、11 个蜜梨采摘点。

2009 年，庄行蜜梨二期建设项目启动，建立 150 亩上海蜜梨种植标准化示范区种植基地。

2010 年，庄行蜜梨三期建设项目启动。

2011 年，庄行蜜梨四期建设项目启动。

庄行蜜梨为农业农村部认证的地理标志保护产品，上海奉叶蜜梨种植专业合作社及上海金冠蜜梨种植园具有绿色食品认证；上海潘南蜜梨种植专业合作社等 6 家合作社具有无公害认证，认证率达到 100%。上海群平果蔬种植专业合作社等 3 家合作社为标准化种植园。2003 年起经常举办庄行蜜梨推荐会、梨王争霸赛等活动；此外通过上海邮政平台进行网络宣传，扩大了知名度，提高了品牌形象，增加了梨农收入。

2. 发展策略 切实按照乡村振兴战略的要求，进一步推动庄行镇蜜梨产业的发展，庄行镇就蜜梨产业的发展提出以下几个方面的规划。

（1）扩大种植面积，打造几个宜农宜游的高标准蜜梨种植园、采摘园。2018 年庄行镇增加蜜梨种植面积 600 亩，南庄路菜花节区域计划种植 140 亩，种植区域安排在浦卫公路以西、南庄路北侧作为进入菜花节区域主干道，加大对该区域蜜梨种植园的基础设施建设，打造一个宜农宜游的高标准蜜梨种植园、采摘园，形成一个蜜梨廊道，吸引游客前来体验蜜梨采摘；在赏花季这里也将成为游客游园赏花的一个景点，与上海奉贤菜花节相呼应，进一步提高庄行蜜梨的知名度。

其他区域增加蜜梨种植面积 460 亩，包括存古村、杨溇村、浦秀村、渔沥村等。今后将大力发展蜜梨种植，不断提高种植面积。

在原有的种植区域，计划打造 1～2 个蜜梨采摘园，加大对金源果蔬等原来基础较好的蜜梨种植园的政策扶持力度，改造基础设施，改良种植品种，进一步提升蜜梨的品质，吸引游客前往体验赏花游、采摘游等项目，并以点带面，促进周边果农生产和销售，带动庄行乡村旅游业的发展，增加果农的收入。

蜜梨采摘园

（2）提质增产，逐步改良一批树龄较长的果园，不断提升蜜梨的品质，增加蜜梨的产量。从 1998 年种植庄行蜜梨以来，第一批种植的梨树树龄已达 20 年，其"经济年龄"已趋于上限，这些梨树生产的蜜梨，品质和产量逐年下降，影响庄行蜜梨的品牌效应。因此，率先改良 100 亩树龄最长的蜜梨，后续再对树龄较长的一批梨树逐步进行改良，充分利用奉贤区农业委员会等部门对经济林的扶持政策，对这些梨树进行改良嫁接或换种新品种，不断提升蜜梨的品质、产量和经济效益。

（3）注重品牌建设，进一步扩大庄行蜜梨的知名度，提高品牌形象，增加梨农收入。庄行蜜梨为农业农村部认证地理标志保护产品，上海奉叶蜜梨种植专业合作社及上海金冠蜜梨种植园具有绿色食品认证；上海潘南蜜梨种植专业合作社等 6 家合作社具有无公害认证，认证率达到 100%；上海群平果蔬种植专业合作社等 3 家合作社为标准化种植园。

在品牌建设方面，以庄行蜜梨为统一品牌、逐步实现统一包装，集中人力、物力、财力等资源，打造知名品牌。庄行镇农业部门和各村对蜜梨的产前、产中、产后进行全程监管，正确引导果农，在生产过程中确保蜜梨的品质。蜜梨销售期间引导果农做到统一品牌、统一包装、统一品质标准。将继续举办庄行蜜梨推荐会、梨王争霸赛等系列宣传活动，并通过网络等新媒体加大宣传力度，进一步扩大庄行蜜梨的知名度，提高品牌形象，增加梨农收入。

(4) 扩大销售渠道。

一是进一步加强庄行蜜梨自产自销市场建设。蜜梨上市的时间正好与"庄行伏羊节"同步，在品尝美味羊肉的同时，带回几箱爽甜可口的庄行蜜梨已经成为广大游客的共识。加强对蜜梨销售市场的建设，让"吃伏羊、品蜜梨"成为夏季庄行乡村旅游一道靓丽风景，也为果农销售提供便利。

二是邀请与蜜梨销售相关的果品经理、市场经理，同蜜梨种植户面对面召开座谈会，让市场同农户第一时间取得对接，为庄行蜜梨进入批发市场，增加销售量打开通道。

庄行蜜梨系列产品

三是推广网络销售，与知名果品网络销售平台对接，搭建从产地到消费者的直供平台。由于电商的质量把控非常严格，所以要严选优质货源，及时接洽供货数量和时间，将新鲜的货源第一时间送达电商。通过与网络销售的合作，提高网络销售量，不断扩大庄行蜜梨的知名度、影响力。

四是通过打造高标准的庄行蜜梨采摘园，将消费者直接请进田园，开展采摘活动，增强他们的消费体验，吸引一批热爱田园的消费者，将市场网络拓展到田头。通过微信平台建立会员制信息，定期推送果园信息和农产品信息，固定一批忠诚的消费者，巩固消费市场。

3. 具体做法

（1）特定生产方式。

一是产地选择与特殊内容规定。选择光照充足、疏松肥沃的土地，土层深厚、土壤疏松肥沃，排灌方便，pH 在 6.5～8.5，在播种前先深耕、施足有机肥、开好排水沟，做到精耕细作。

二是品种选择与特定要求。选择抗逆性强、果实品质好、适合市场需求、适应当地种植的优良梨树品种。

三是生产过程管理。蜜梨种植过程中严格执行绿色食品标准《梨栽培技术操作规范》和《庄行蜜梨实用技术手册》。为了保证庄行蜜梨的品质特色，尤其注意病虫害防治，提高果品率，坚持"预防为主，综合防治"的原则：一是推广上海市"双增双减"项目，选用高效、低毒、低残留的无公害农药和有机肥；二是采用粘虫黄板、杀虫灯、性诱剂等物理防治方法；三是使用防菌防水防虫袋对每个梨进行套袋。

四是产品收获及产后处理的规定。成熟前 15～20 天开始进行果实品质检测，3 天测定一次，达到合适的成熟度后，先采外围大果，后隔 2～3 天分批采收，注重检测，确保果实品质的一致性。

五是生产记录要求。发放果园田间档案记录手册，对蜜梨种植过程中所施用肥料名称、施肥方式、施肥时间、施肥量，施用农药名称、施药方式、施药时间及施药对象，产品收获、销售等项目的日期、方式、数量等进行详细记录。

（2）质量安全规定。庄行蜜梨严格执行相关标准。

（3）专用标志使用。符合下列条件的单位和个人，可以申请使用农产品地理标志：①申请的农产品产自登记确定的区域范围；②已取得登记农产品相关的生产经营资质；③能够严格按照规定的质量技术规范组织开展生产经营活动，使用农产品地理标志应当按照生产经营年度与登记证书执有人签订农产品地理标志使用协议，在协议中载明使用范围、数量及相关责任义务。

农产品地理标志使用人享有以下权利：①可以在产品及其包装上统一使用农产品地理标志（庄行蜜梨的名称及公共标识图等）；②可以使用登记的农产品地理标志，进行宣传和参加展览、展示和展销。

农产品地理标志使用人应履行以下义务：①自觉接受登记证书执有人的监督检查；②保证地理标志农产品的品质和信誉；③正确规范地使用农产品地理标志。

地理标志农产品的生产经营者，应当建立质量控制追溯体系。任何单位和个人不得伪造、冒用农产品地理标志和证书。鼓励单位和个人对农产品地理标志进行监督。

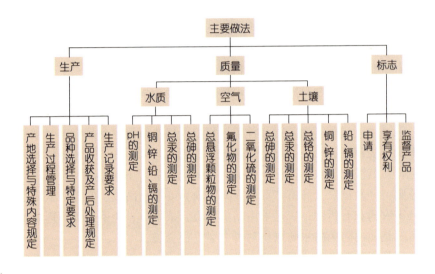

三、利益联结机制

庄行蜜梨专业合作社自 2004 年成立以来，经过几年的努力，已成为经营规模大、服务能力强、产品质量优、民主管理好的农民专业合作社。通过标准化生产、品牌化经营、规范化管理，成员收入比当地未入社农户高出 10％以上，主要生产资料的统一购买率达到 80％以上。通过参与农超对接、与食品加工企业签订供销合同、参加奉贤名特优农副产品展示展销周、上海市农产品博览会、梨王擂台赛、蜜梨采摘游、蜜梨推介会等活动，增加了果农收入，产品统一销售率达到 80％以上。2008 年直接帮助农民销售蜜梨 2 500 多吨，带动农民销售 4 000 多吨，2010 年销售额达到 1 000 万元，率先成为引领农民参与国内市场竞争的现代农民经营组织。通过定期的生产技术指导、推广果实套袋，提升了蜜梨的果品质量和产量，使蜜梨果实品质上佳，易卖好价，深受果农欢迎。为进一步提高管理水平，提高果品品质，增加经济收益，该合作社还分别在姚泾村、潘垫村建立了 2 个百亩以上优质蜜梨科普示范基地，以点带面，使全镇 80％以上的果农掌握了优质栽培技术。2010 年，庄行蜜梨专业合作社成为服务世博果品供应基地，该合作社生产的蜜梨在 2017 年上海市优质梨评比中获得金奖。如今奉叶上海蜜梨已成为庄行镇的特色精品，成为上海市郊著名水果品牌，奉叶上海蜜梨在通过无公害农产品认证、获得"上海名牌"称号的基础上，2011 年还通过了绿色食品认证。

四、主要成效

2003 年，庄行蜜梨通过上海市安全、卫生、优质农产品认证。

2005 年，庄行蜜梨通过无公害产地、无公害产品认证。

2006 年，庄行蜜梨获得上海市优质梨评比铜奖。

2008 年，庄行蜜梨获得迎世博上海优质果品（梨）评比奖优秀奖；同年，获得上海名牌产品。

2009 年，庄行蜜梨获得上海服务世博果品供应基地。

2010 年，庄行蜜梨获得上海市优质梨评比优质奖。

2011 年，庄行蜜梨通过绿色食品认证。

2015 年 7 月，农业部正式批准对庄行蜜梨实施农产品地理标志登记保护。

2018 年，全国优质梨评比上海群平果蔬种植专业合作社种植选送的早生新水梨荣获一等奖。

获得荣誉

同时，庄行蜜梨产业的发展得到了上级领导的关心和支持，《2002—2003 上海城市经济发展报告》中提出今后将致力于发展上海蜜梨等具有地方特色的果品种植区域。2007 年 8 月 29 日时任上海市委书记的习近平来到奉贤区庄行镇视察，特意品尝了奉叶牌上海蜜梨，并给予了高度评价；市委副书记刘云耕、市长韩正、副市长胡延照等市领导也先后多次来到庄行蜜梨基地考察，对该产业发展给予充分肯定。

2015 年，庄行蜜梨获农业部农产品地理标志登记保护，是上海市"三区划定" 15 个农产品功能区之一。目前，全镇蜜梨种植面积为 4 324 亩，涉及种植合作社 15 个，农户 840 户。有一定规模的种植区域主要分布在潘垫、长堤、存古、芦泾、杨溇 5 个村，年产蜜梨 6 500 吨，蜜梨销售额 5 752 万元。蜜梨产业占当地农业产业的比重很大。蜜梨的种植极大地促进了农业产业发展，推动了农业生产，使农村村民致富，带动了乡村旅游业的发展。

五、启示

庄行蜜梨是奉贤区果树产业的"拳头"品牌，也是奉贤区首个通过农业农村部地理标志登记的产品。庄行地区大面积、规模化种植蜜梨始于1998年，至今已有20多年。

各级农业科技人员对庄行蜜梨原有品种不断改良，成功地应用品种嫁接、花粉杂交等新技术，培育出抗病性优于传统品种的新一代庄行蜜梨，并以物理防治为主，将疏花疏果、整形修剪、套袋拉枝等标准化技术全面推广，控制亩产量在1500千克左右，提高果品质量，使庄行蜜梨独具特色。产品具有皮薄、汁多、味甜、核小等特色，获得了消费者的广泛认可，从而进一步扩大了庄行蜜梨的影响力。近年来，庄行蜜梨专业合作社通过上海市经济果林"双增双减"的补贴，增加果园有机肥用量，合理使用高效低毒的农药，加大生物、物理防治病虫害的推行力度，有效提高了蜜梨的品质。今后还将逐步改良一批树龄较长的果园，不断提升蜜梨的品质，增加蜜梨的产量和效益。另外还要通过与网络销售的合作，提高网络销售量，不断扩大庄行蜜梨的知名度、影响力。

20年来庄行蜜梨获得了许多殊荣，这不仅是对奉贤区蜜梨种植产业发展的肯定，更为今后走好绿色农业发展之路，实现农业的高水平和现代化提供了很好的借鉴。

盱眙龙虾

导语：盱眙，地处淮河下游、洪泽湖南岸，隶属周恩来总理故乡——江苏省淮安市，是一座依山而建、得水而兴的城市。改革开放以来，在历届县委、县政府的正确带领下，盱眙做足"虾文章"，打好节庆牌，种下富民花，结出强县果，走出了一条绿色发展、以特取胜的乡村振兴发展道路。全县近1/4人口通过从事虾稻共生、龙虾物流、烹饪制作等脱贫致富奔小康，盱眙也因"中国龙虾之都"而名扬四海，实现了从"养在深闺人未识"到"天下无人不识君"的华美转变。

一、品牌基础情况

盱眙生态环境优良。日照充足，水质纯净，素有"龙虾之都，山水名城"之美称。"虾稻共生"科学种养模式为生产优质小龙虾提供了坚实的基础，"虾稻共生"一水两用、一田两种，虾稻共生，效益同增。是农业供给侧结构性改革和现代农业发展的标杆，是国内最优综合种养模式之一。所生产的盱眙龙虾肉质鲜美肥硕，拥有"三白两多"（腮白、腹白、肉白、黄多、肉多）的特点和个头大、色彩鲜艳等特质，其优秀品质获得了国内外消费者的信任与青睐。自2000年以来，连续举办19届盱眙龙虾节，在行业内的影响力不容小觑。2018年，盱眙龙虾位列中国区域品牌百强榜第22位，品牌价值达180.71亿元，居中国水产品类第一名，品牌影响力进一步扩大，呈逐年上升态势。

二、品牌建设情况

品牌是盱眙龙虾产业的灵魂。应坚持品牌战略不动摇，创新机制，提升品牌影响力，持之以恒擦亮"盱眙龙虾"金字招牌。

1. 创新办好中国·盱眙国际龙虾节 按照政府主导、市场运作、企业主办的原则，以有滋有味龙虾节庆、聚力聚焦创新富民为主题，通过连续19届中国·盱眙国际龙虾节，持之以恒打造盱眙龙虾的美誉度、知名度。在传承开幕式、文艺演出、万人龙虾宴等经典节目的基础上，植入更多时尚元素；创新推出网红直播、寻童趣万人钓龙虾、产业博览会等新内容，提升品牌形象。加强文化创意力量，研发推广龙虾衍生文化产品，拍摄《泡菜爱上小龙虾》主题电影，让盱眙龙虾产业与时俱进，始终洋溢着浓浓的文化气息，让营养、健康、时尚的盱眙龙虾品牌文化更加深入人心。

2. 构建全媒体品牌营销系统 充分利用现代传媒手段，讲好盱眙龙虾故事。与腾讯、新浪等第三方平台合作，在微信及微博建成最具行业影响力的移动互联网交流平台。加强与电视媒体的合作，升级本地龙虾主题电视综艺节目。积极创造条件参与央视专题节目，以软广告形式将盱眙龙虾植入热门卫视的综艺节目中。加强对盱眙本地户外广告的管理和引导，提升涉及龙虾广告的品位，营造浓烈的虾都氛围。

3. 将龙虾品牌文化与城市文化相融合 在城市形象系统、城市宣传阵地以及特色小镇、特色街区建设中突出龙虾元素和龙虾文化。推动龙虾产业与旅游融合互动，既让盱眙优良的生态、秀美的山水为盱眙龙虾"背书"，也让盱眙龙虾成为带动盱眙旅游业发展的"引擎"。

4. 大力度抓好品牌保护 开展盱眙龙虾知识产权维权行动，规范对龙虾养殖户、龙虾销售户、龙虾调料加工销售户、龙虾餐饮户的品牌许可和管理工作。继续开展品牌维权活动，加大对山寨盱眙龙虾的打击力度，对涉嫌侵权的商家启动商标维权司法程序，维护并提升加盟企业和消费者对盱眙龙虾的忠诚度和信任度，保持品牌的生命力。

目标	坚持品牌战略不动摇，创新措施，提升品牌管理，持之以恒擦亮"盱眙龙虾"金字招牌
原则	政府主导、市场运作、企业主办
方法	创办好中国·盱眙国际龙虾节 构建全媒体品牌营销系统 龙虾品牌文化与城市文化相融合

三、主要做法

盱眙龙虾处在发展的关键时期，要实现可持续的优质发展，就要汇聚社会资源，凝聚各方力量，突出品牌化、标准化、融合化，走好由百亿走向千亿规模的转型升级之路。

1. 做好品牌升级文章 发挥红色党建的引导力。将红色党建作为龙虾产业发展的第一动力，打破单位和部门壁垒，把党支部建在龙虾产业链上，成立龙虾产业党工委，下设一产、二产、三产3个党总支21个党支部，推行726名党员专家点对点结对帮扶指导。实施"红色党建助推红色产业发展"项目，县委主要负责同志牵头推进，组织部门与涉农部门具体实施，推动党建与龙虾产业双向融合。

发挥政策扶持的保障力。把虾稻共生作为农业供给侧结构性改革的"一号工程"，制定《盱眙县"十三五"虾稻共生产业发展规划》《龙虾产业发展扶持引导基金设立及使用管理办法》等系列扶持政策。从 2018 年开始盱眙每年安排 1 500 万元专项资金补贴扶持龙虾产业，将高标准农田建设、土地整治、农田水利等各类项目资金向龙虾产业集中倾斜，带动更多农户加入虾稻共生种养队伍。

发挥社团联盟的护航力。成立江苏省盱眙龙虾协会，现有会员单位2 000 余家，是国内淡水龙虾产业最大的社团组织。协会拥有"盱眙龙虾"商标专用权，独立运作盱眙龙虾品牌，发起并成立了中国龙虾产业联盟。在品牌运作、产业链延伸、标准体系建设以及龙虾节庆承办等方面发挥重要的组织协调作用，在加强行业自律、规范市场经营、引导会员团结合作发展、维护盱眙龙虾品牌形象等方面作出了积极贡献。

发挥科技研发的支撑力。在全国率先成立了集"产、学、研、创"功能于一体的龙虾创业学院，并且正在申报盱眙龙虾大学。引进中国工程院张洪程院士工作站、上海海洋大学博士后科研工作站、国家虾稻产业技术体系盱眙小龙虾综合试验站、国家粳稻工程技术研究中心江苏分中心等科研机构，为龙虾产业发展提供了智力和技术支持。实施一批江苏省级以上科研项目，在突破龙虾种苗繁育、筛选优质水稻新品种等关键环节和技术上取得阶段性成果。

20 多年来，盱眙人成功打造出百亿级龙虾产业，"红色风暴"席卷大江南北，创造出富民强县、乡村振兴的发展奇迹。走在新时代的新征程上，盱眙将在海内外虾迷的支持下，以奋进的姿态、争先的锐气，共同砥砺前行、勇往直前，创造更加美好灿烂的未来。

2. 做好特色发展文章　并不是所有龙虾都叫盱眙龙虾。作为一种常见的淡水虾，全国多地的沟塘河渠都能寻觅到龙虾的踪迹，但与其他地区的"兄弟"相比，盱眙龙虾喝的是"矿泉水"，吃的是"中草药"，大口深呼吸，纵享好生态。它是秀水灵山的馈赠。烟波浩渺的千里长淮穿城而过，美丽清纯的洪湖大泽静卧在侧，170 余座中小型水库散布盱眙全境，具有丰富的草料和饵食，成就了盱眙龙虾"三白两多"（腹白、腮白、肉白，黄多、肉多）的显著特色。它是绿水青山的见证。在地域上，盱眙地处亚热带和北温带过渡区，湿润的季风性气候使周边水域的年平均水温比洞庭湖、鄱阳湖高 $1\sim2℃$。近年来，盱眙县委、县政府坚持绿色发展理念，深入践行"两山"理念，空气优良天数年均达 350 天，2017 年和2018 年连续两年被评为"全国百佳深呼吸小城"。它是挑动味蕾的饕餮。

敢于创新的盱眙人，不断总结、推陈出新，在传承十三香龙虾的基础上，研发出泡菜、干煸、蒜蓉、咖喱等数十种口味，盱眙龙虾也从美食届的"新贵"成长为霸占餐桌的大咖。

在富民强县乡村振兴的实践中，盱眙始终坚持人无我有、人有我优，首创龙虾节庆，从最初的"中国龙年盱眙龙虾节"到"中国龙虾节"，再到"中国·盱眙国际龙虾节"，实现了从区域性到全国性再到国际性办节的"三级跳跃"。2012 年盱眙以县人大常委会决议形式，将每年的 6 月 12 日确定为"中国·盱眙国际龙虾节节庆日"，盱眙人迎来了首个属于自己的节日。盱眙龙虾节还先后荣获中国十大最具影响力节庆、中国十大美食类节庆第一名、世界十大节庆前三强等系列殊荣，相继在瑞典、澳大利亚、新西兰、印度尼西亚及我国香港、台湾等国家和地区推广办节，与多个国家和地区建立友好往来的合作关系，持续扩大经贸交往，壮大国际"朋友圈"。

3. 做好产业融合文章 2013 年全国"两会"期间，党和国家领导人对盱眙龙虾产业发展给予了亲切勉励。在这份勉励的指引下，盱眙将龙虾产业作为现代农业的重点板块，"一虾先行，诸业并进"，与以高端装备制造、新能源、新材料为代表的"一高两新"主导产业，以及旅游、康养等特色产业融合发展，源源不断地结出生态优先、绿色发展的富民硕果。目前，盱眙龙虾品牌价值达 180.71 亿元，牢牢占据全国水产类品牌价值榜榜首。

做优全产业链发展。盱眙围绕"规模做加法、效益做乘法"，龙虾产业链由最初的"捕捞＋餐饮"延伸为从龙虾养殖、流通到美食烹饪，从龙虾仁、整肢龙虾加工出口到甲壳素提取等深加工产业，从龙虾调料原料种植到加工销售等为一体的一二三产全产业链。老百姓在庞大的龙虾产业链上"就龙虾业、吃龙虾饭、发龙虾财"。据统计，盱眙县高效精养龙虾面积 16.54 万亩，虾稻综合种养面积 65 万亩，年产龙虾 6 万吨以上，年交易量 10 万吨以上。全国盱眙龙虾餐饮加盟店超过 2 000 家，龙虾深加工龙头企业 4 家，盱眙龙虾各类网店近 2 000 家，盱眙已成为全国最大的龙虾集散中心和全国龙虾市场风向标。2018 年盱眙龙虾产业经济总产值达 139.41 亿元。龙虾产业相关收入已占到了农民人均纯收入的近 1/5，成为富民增收乡村振兴的第一产业，造就了数十个千万富翁、数百个百万富翁。

盱眙还将龙虾与创意文化产业融合，创造出《泡菜爱上小龙虾》《美食大冒险之英雄烩》等主题影视、小盱小眙动漫卡通和表情包、盱眙礼物等文化创意产品，成立了世界上唯一的龙虾博物馆，形成了百花齐放的盱盱眙龙虾文化成果。2017年12月，成为江苏省唯一入选农业部"全国农产品加工业发展典型案例"中"一县一业"发展典型，高居榜单第四名。

做大虾稻共生产业。2014年以来，依托龙虾品牌优势、120万亩水稻的资源优势和生态优势，盱眙在江苏省率先开发虾稻共生种养新模式，开拓精准扶贫新空间。目前，全县虾稻共生面积65万亩，较常规一稻一麦亩均增收2 500元以上。盱眙龙虾产业集团、宝元农业相继建成万亩以上虾稻共生标准化生产示范基地。县级层面打造了沿洪泽湖大道10万亩和盱马路沿线2万亩集中连片虾稻共生现代农业示范园区，每个镇（街道）都建立了5 000亩以上的虾稻共生示范基地。盱眙龙虾香米接连斩获首届全国稻渔综合种养优质鱼米评比金奖、江苏好大米十大品牌等殊荣。此外，盱眙还创新成立盱眙龙虾创业学院，每年免费培训2 000多名贫困家庭人员，助力自主创业、择业，脱贫致富奔小康。2017年8月，全国地理标志商标精准扶贫经验交流会在盱眙举行，盱眙龙虾产业精准扶贫做法获得与会代表一致认可。

做足创新创业文章。盱眙全县上下不拘泥一域谋发展、敢于跳出藩篱走新路，向南积极融入南京都市圈，矢志向前走在江苏高质量发展前列。积极推进国家全域旅游示范区、天泉湖国家级旅游度假区创建，加速构建以国家级盱眙经济技术开发区为主体、以港口产业园和宁淮产业园为两翼的"一体两翼"平台。在2019年龙虾节举行的产业招商项目集中开竣工和签约活动上，31个项目集中开工、34个项目顺利竣工、66个项目成功签约，集中签约项目总额达439.4亿元，充分彰显作为盱眙特色发展重要引擎的强劲推动力。与此同时，盱眙还先后成为国家级生态县、国家卫生县城，获批全国文明城市提名城市，成为全国首批新时代文明实践中心建设试点县。

四、利益联结机制

盱眙龙虾品牌按照基在农业、惠在农村、利在农民的基本方针，以农业提质增效、农民增收为落脚点，综合利用资源，科学构建与农民的稳定利益联结机制。

1. **尊重市场，规范利益联结**　对当地农户要求执行好农村土地承包经营权流转合同、新型农业经营主体用工协议等，保证农户的土地租金收益和就近劳务收益。目前，农村土地流转租金在600～1 100元，农民群众还可通过给合作社、大户、企业等新型经营主体打工获取劳务收入，男劳力每天可获得100～200元收入，女劳力每天可获得100～150元，每年人均收入在2.5万～3.0万元。要求新型经营主体签订好农产品订单收购合同、新型主体提供有偿社会化服务协议等，保证农产品收益略高于市场收益，保证规模经营主体节本增效。对农村集体经济组织要求落实好村级资产入股股份合同协议、村级提供有偿服务协议，保证集体资产分红收益和农业综合服务收益。

2. 盘活资源，拓展利益联结 充分做好农村宅基地自愿有偿退出的土地复垦工作，引导农户把承包地交给村集体统一发包、集中流转，采用小田并大田等方式，改善田块质量，按照"1＋N"现代农业产业体系，发展虾稻共生等适度规模经营产业。2018年新增土地流转面积10余万亩，培育各类新型经营主体330个。退出农户可获得房屋拆除一次性补偿金、土地流转租金、就地务工薪金和村集体资产分红股金"四金"收入；村集体可增加土地租赁收入、宅基地补偿提留收益、溢出土地收入、服务经营主体收入四项收入，有力带动集体和农户双增收。

3. 用活资金，精准利益联结 在龙虾品牌产业发展过程中，盱眙县十分注重经济薄弱村、低收入农户带动作用，试行大户＋低收入农户、种养企业＋经济薄弱村等结对模式，通过整合投入扶贫和各类产业发展项目资金，加强技术培训与指导，引导经济薄弱村、低收入农户发展稻虾综合种养。截至2019年，全县10个省定经济薄弱村发展稻虾综合种养情况如下：官滩镇侍涧村520亩、霍山村2 846.15亩、金圩村2 100亩、桂五镇藕塘村558亩、水冲港村205亩、山洪村140亩、河桥镇龙泉村353亩、淮峰村27亩，鲍集镇新迁村408亩、沈集村500亩。全县7个市定经济薄弱村发展稻虾综合种养情况如下：淮河镇明祖陵村4 000亩、马坝镇欧湖村1 200亩、鲍集镇河洪村3 167亩和邹黄村465亩、天泉湖镇凡岗村1 487亩、穆店镇越李村1 497亩和管仲镇黄庄村480亩。通过发展稻虾综合种养，使经济薄弱村农户走上了增收的道路，让低收入农户得到了实惠。黄花塘镇雨山村低收入户陈业章，家庭人口3人，10亩稻虾综合种养田块2019年人均收益7 600元；河桥镇河桥居委会低收入户金永权，2017年将自有的12亩稻田全部改为稻虾综合种养模式，2018年增收25 000元。

4. 创新模式，深化利益联结 大力发展建设省、市级现代农业产业示范园区、一二三产业融合发展先导区、农业产业化联合体，推进农业企业挂牌上市。通过产业融合发展、联动建设，降低交易成本，紧密主体利益关系，提高产业发展水平，促进农民增收致富。目前，盱眙县已建成省级农业园区4家，市级园区2家；农业产业化联合体3个，农业企业挂牌上市4家。

基本方针	基在农业、惠在农村、利在农民
落脚点	农业提质增效+农民增收
发展方法	尊重市场，规范利益联结。执行好农村土地承包权流转合同、新型农业经营主体用工协议等，保证农户的土地租金收益和就近劳务收益 盘活资源，拓展利益联结。充分做好农村宅基地自愿有偿退出的土地复垦工作，引导农户把承包地交给村集体统一发包、集中流转，采用小田并大田等方式，改善田块质量，按照"1+N"现代农业产业体系，发展虾稻共生等适度规模经营产业 用活资金，精准利益联结。通过整合投入扶贫和各类产业发展项目资金，加强技术培训与指导，引导经济薄弱村、低收入农户发展稻虾综合种养 创新模式，深化利益联结。大力发展建设省市级现代农业产业示范园区、一二三产业融合发展先导区、农业产业化联合体，推进农业企业挂牌上市。通过产业融合发展、联动建设，降低交易成本，紧密主体利益关系，提高产业发展水平，促进农民增收致富

五、主要成效

1. **产业发展**　盱眙龙虾品牌发展促进了农业规模化经营、标准化生产、农机化作业，集聚了现代农业发展所需要的生产要素，促进了新型市场主体发展壮大，也带动了土地规模流转。

2. **品牌增值**　盱眙将龙虾产业作为现代农业的重点板块，与以高端装备制造、新能源、新材料为代表的"一高两新"主导产业，以及旅游、康养等特色产业融合发展，源源不断结出生态优先、绿色发展的富民硕果。目前，盱眙龙虾品牌价值达180.71亿元，牢牢占据全国水产类品牌价值榜榜首。成为江苏省唯一入选农业农村部"全国农产品加工业发展典型案例"中"一县一业"发展典型，高居榜单第四名。

3. **文化传播**　盱眙高举节庆引领产业发展大旗，将龙虾与创意文化产业接轨融合，增强产业向上发展原动力。创造出《泡菜爱上小龙虾》《美食大冒险之英雄烩》等主题影视、小盱小眙动漫卡通和表情包、盱眙礼物等文化创意产品，成立了世界上唯一的龙虾博物馆，形成了百花齐放的盱眙龙虾文化成果。

六、启示

1. **生态优先，绿色发展**　"好生态真能当饭吃"，盱眙龙虾品牌发展、科学种养可以优化生态环境，调优产业结构，提升产业效益，实现绿色生态发展。在生态环境容量和资源承载力的约束条件下，将环境保护作为实现可持续发展的重要支柱，在此基础上，实现经济、社会和环境的可持续发展，从而使经济活动过程和结果绿色化、生态化。

2. **科技引领，人才支撑** 盱眙龙虾养殖业发展 20 多年，才形成了如今的规模和品牌。虽然虾稻共生综合种养模式从 2015 年才开始起步，但发展迅速，这得益于龙虾养殖业的成功经验，更与南京农业大学、省淡水所等科研院校的科技和人才支持分不开。在众多专家、教授指导下，制定了《盱眙县虾稻共生综合种养技术规范》，通过对农民的面对面交流培训，广大种养户开展虾稻共生一看就懂、一学就会、一用就灵，科技推广、人才支撑取得了合作共赢的硕果。

3. **质量至上，品牌为王** 盱眙龙虾荣获地理标志农产品，品牌价值达到 180.71 亿元，依靠的是"生产有记录、信息可查询、流向可跟踪、责任可追究、产品可召回、质量有保障"的产品质量安全追溯体系，依靠的是龙虾加工的 ISO 22000 食品安全管理模式。盱眙龙虾的品牌营销改变了"养在深闺人未识"的局面，打开了盱眙"一虾先行、诸业并进"的发展局面，必须持续保护好、推广好"盱眙龙虾"这个金字招牌。

4. **产业振兴，富民为本** 产业振兴是乡村振兴的第一要素，盱眙龙虾品牌发展战略就是盱眙人在实践中探索出的产业振兴之路。通过发展龙虾产业，推进了土地规模流转，培育了新型经营主体，实现了种养融合高效益发展。使富民增收有了实实在在的抓手，必须牢牢抓住，持续发力，在做大产业规模、融合发展上做文章，在拉长产业链条、品牌营销上做文章，围绕富民增收做好各项工作。

苏州大米

> **导语：** 江苏省苏州市耕地资源紧缺，农业产业规模总体偏小，农业高质量发展受耕地资源瓶颈束缚明显。苏州市农业农村局积极探索在有限的耕地空间里实现农业高质量发展的有效途径、模式，通过强化农产品区域公用品牌建设，提升单位面积耕地产出效益，实现了苏州农业产业兴旺和农民生活富裕。

一、主体简介

江苏省苏州市地处东部沿海发达地区，耕地资源紧缺，农业高质量发展受耕地资源瓶颈束缚明显，农业各产业规模总体偏小。苏州市农业农村局积极探索基于土地紧缺的沿海发达地区农业高质量发展途径，主动适应沿海发达地区对农产品质量、特色、品牌市场需求的转变，坚持品牌就是生产力、竞争力、软实力的理念，牢牢把握建设和管理农产品区域公用品牌是地方政府的重要职责，找准自身在农产品区域公用品牌建设中的战略引导者、产业维护者、资源协调者和市场监管者的角色和定位。2018 年，围绕全市优势和特色农业产业发展需要，按照集中力量、整合资源、强化培育、扶优扶强的思路，以苏州大米这一区域公用品牌为突破点，大力培育一批具有鲜明苏州地方特色和市场美誉度，能带动特色农业产业发展、传承乡村本土文化，覆盖市级、县级不同区域的"苏"字头精品特色农产品区域公用品牌集群，构建了农产品区域公用品牌＋企业品牌＋产品品牌的品牌矩阵，提升了全市农产品质量档次，形成了区域特色，各产业农产品进入中高端市场，提升农业各产业整体竞争力。近年来的区域公用品牌

地理环境	地处东部沿海发达地区，耕地资源紧缺，农业高质量发展受耕地资源瓶颈束缚明显，农业各产业规模总体偏小
发展理念	品牌就是生产力、竞争力、软实力
发展思路	集中力量、整合资源、强化培育、扶优扶强
解决措施	农业农村局：探索土地紧缺地带农业发展途径，主动适应地区，对农产品质量、特色、品牌市场的需求转变。积极建设、有效管理农产品区域公用品牌，充分发挥政府职能

实践，有效实现了苏州农业的高质量发展，全市农业增值、农民增收明显，产业兴旺、生活富裕之路越走越宽广。

二、模式简介

以苏州大米这一区域公用品牌建设推广为例。

1. 模式概括 政府引导＋企业主体＋协同共建模式。

（1）**政府引导**。明确苏州市农业农村局在农产品区域公用品牌建设推广中的角色定位，在苏州大米这一区域公用品牌建设推广中，苏州市农业农村局作为战略引导者、产业维护者、资源协调者和市场监管者，确立和承担战略指引、公共服务供给、公共资源配置和市场秩序监管的对应职能。

（2）**企业主体**。明确企业是苏州大米这一区域公用品牌建设的主体力量，在苏州市农业农村局引导下，通过苏州大米这一区域公用品牌的培育、保护、质量管理、市场创新等方式，引导从事水稻生产、加工、销售的基地、合作社、农场主、农业公司、大户创建苏州大米这一企业品牌，通过系列科研确定苏州大米各产品企业生产标准，以企业标准带动苏州大米产业标准的确立，进而实现苏州水稻产业优质生态高效地转型升级。

（3）**协同共建**。构建政府引导、部门联动、协会统筹、企业担纲、社会参与、协同发展的苏州大米区域公用品牌建设机制，推动组建苏州大米行业协会，充分发挥政府的引导推动作用、企业的主体担当作用、大米协会的协调统筹作用，实现品牌共建多赢。

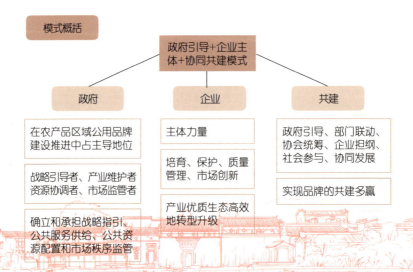

2. 发展策略

（1）核心理念。紧扣建设"强富美高"新江苏的目标，聚焦苏州乡村振兴产业发展重大需求，突破产业发展耕地资源瓶颈限制，以苏州大米区域公用品牌建设为突破，以创新、协调、绿色、开放、共享发展新理念推进全市农业供给侧结构性改革，努力走品牌引领、安全高效、生态外向的现代农业发展道路，提升苏州市现代农业产业发展水平，推动苏州市建成现代化农业品牌强市，通过农业的高质量发展，实现全市农业增效、农民增收、农村繁荣。

（2）建设方向。以创塑苏州大米区域农产品公用品牌为抓手，推动各市、区培育和壮大一批农产品区域公用品牌。苏州市通过政策、资金等手段优化苏州大米现有生产、加工、销售市场主体的品牌扶持环境。通过导入形象、推动创牌、质量追溯、标准引导、立体传播五大体系支撑，创建苏州大米区域公用品牌＋企业品牌＋产品品牌的品牌矩阵，在全国范围内打造有影响力的苏州大米区域农产品公用品牌。

（3）融合发展。在全市水稻产业大力推广绿色优质生态高效种植模式，夯实质量基础。在质量基础上，融合拓展品牌功能的发挥，构建系统的品牌运营管理体系，结合时下热点的营销方式进行线上线下多方位立体营销，深入挖掘苏州稻作地域文化，有效利用旅游、文化等资源，推动多产业融合，拓展农业多种功能、延伸产业链。

（4）目标可行。

一是建立机制。落实苏州大米区域公用品牌培育机制，明确各成员单位职责，组建区域公用品牌管理体系，明确区域公用品牌管理许可制度，实施区域公用品牌目录管理，为区域公用品牌建设后续工作打好组织基础。

二是导入形象。应用全新的区域公用品牌价值体系、符号体系、包装体系，低成本传播全新品牌形象；通过战略发布会、大米品牌与市民互动、网络推广营销等一系列近期措施引起广泛关注，快速叫响市级区域公用品牌。

三是推动创牌。在创建市级苏州大米区域公用品牌的基础上，推动各市、区深化大米生产、加工、销售企业品牌建设，推动建立苏州大米区域公用品牌＋企业产品品牌的二级品牌架构。

四是推进追溯。强化大米区域公用品牌基地建设，深化水稻示范园区提档升级，推动市级农产品质量安全追溯平台完善。

3. 主要做法

（1）导入形象。苏州市农业农村局充分挖掘苏州大米区域公用品牌的内在价值，注重应用全新的品牌价值体系、符号体系、包装体系，辅以独创的符号设计，确保苏州大米区域公用品牌有系统完整的视觉形象体系。通过低成本传播全新品牌形象，通过战略发布会、品牌农业与市民互动、网络推广营销等一系列近期措施引起广泛关注，快速叫响市级公用品牌。实施区域公用品牌示范基地和基地提升工程创建，推行基地建设绿色发展、标准生产，带动全市稻农投入苏州大米品牌基地建设。

（2）**推动创牌**。在创建苏州大米区域公用农产品品牌的基础上，推动各市、区苏州大米企业品牌建设，将苏州市范围内产业化程度相对较高、现代农业基础好、产业规模体量大、品牌有一定知名度的生产、加工、销售企业列入第一批重点培育推广品牌序列；产业规模体量不大的生产、加工、销售企业，列入后续培育品牌序列，构建区域公用农产品品牌＋企业品牌的二级品牌架构。2018年11月，苏州市开展"苏州大米品牌价值评估评价"活动，评选出了"2018苏州大米十大价值品牌"。

2018苏州大米十大价值品牌

（3）**质量追溯**。强化苏州大米区域公用品牌基地建设，深化各水稻产业园区提档升级，加强水稻企业质量溯源体系推广维护，规范企业品牌包装应用管理，完善品牌产业高素质农民人才培养计划，推动市级农产品质量安全追溯平台完善使用，通过保障消费者对苏州大米企业品牌安全的信息知情权，营造出每一个消费者都是苏州大米监督者的外部大环境，最终实现以苏州大米区域公用品牌反向倒逼水稻生产、加工、销售企业的良好生产规范普及，降低监管成本，提高苏州大米生产者的素质，探索通过消费引导生产的品牌保护之路。以苏州大米区域公用品牌的溢价，释放品牌协同效应，吸引更多水稻生产、加工、销售企业投入区域公用品牌建设。

（4）突出标准。在苏州大米区域公用品牌推进过程中，苏州市积极制定完善农业地方标准，突出优质安全绿色导向，进一步完善具有苏州地方特色的农产品质量安全标准体系，夯实品牌农业发展基础。仅2018年，就废止55项标准，修订27项标准，1项标准确认继续有效。2019年，通过筛选和完善苏州市水稻主推品种、地方特色种质资源品种的制种、繁种、基质、育秧、机插、栽培、生产、耕作各环节的技术标准和综合防治、减氮丰产、氮磷拦截生态模式，编辑出版了《苏州大米良作良方》，确立了苏州大米农产品区域公用品牌绿色生态标准的系统化，实现了苏州水稻产业绿色发展质的提升。苏州农业各产业协会、学会纷纷制定各个产业的生产技术规范或标准，提升了苏州农业各产业的绿色发展水平。2018年，全市新增绿色食品135个，全市21个涉农乡镇36万亩种植面积创建省绿色优质农产品基地；2019年，全市新申报绿色食品企业253家，申报绿色食品面积20万亩，其中，92家企业已完成现场检查、产地监测、产品监测、集中会审，面积为6万亩。全市绿色优质农产品高质量发展指标走在全省前列。

（5）立体传播。苏州大米区域公用品牌建设系统运用产品包装、销售渠道、传统媒体和新媒体、网络及各类节庆活动作为品牌传播的有力媒介，协同多方力量，整合各类传播媒介，构建上下联动、内外协同、动静结合的立体传播方式。在产品包装上采用与世界同步的食品级、可降解复合包装材料。在渠道传播上覆盖车体广告、电视广告等形式。在媒体场打造上，运用高炮、灯箱等广告媒体，H5微信微场景、主流App新媒体，形成产地和销地的媒体场传播。在活动宣传上，借助国内外大型农业博览会、品牌博览会宣传苏州区域公用农产品品牌。苏州市农业农村局公布了75家在苏州城区销售苏州大米的门店（营销专区、专营店或专门的营销场所），方便市民就近购买。2019年，苏州市农业农村局与中国邮政集团公司苏州市分公司签署框架合作协议，双方将开展产品合作、帮扶合作、渠道合作等，把邮政纳入苏州农产品区域公用品牌推广营销主要渠道，结合邮政线上线下渠道网络，实现苏州大米等公用农产品品牌的联合打造，共同提升服务"三农"的水平和能力。

品牌宣传途径

三、利益联结机制

苏州市农业农村局对 2018 年苏州大米区域公用品牌建设开展了第三方评估招投标。中标第三方评估单位对苏州大米区域公用品牌进行了为期 20 个月的跟踪调查和多次问卷统计，涉及全市水稻生产、加工、销售环节的农业公司、合作社、大户、农场主 41 家，抽样面积达到 7 万亩，占苏州水稻种植面积的 6.83%。通过主要生产企业和农业大户的数据以及市场收集的价格情况等，直观获取苏州大米区域公用品牌导入后，生产企业的生产方式、质量安全、销售收入变化的情况。2019 年 8 月，第三方评估报告表明，苏州大米平均单价从 2018 年的 10.66 元/千克提高到 2019 年的 13.04 元/千克，溢价比为 22.3%，每吨增收 2 380 元。苏州大米区域公用品牌为稻农增加直接经济效益 5.379 亿元，苏州大米区域公用品牌＋企业品牌＋产品品牌矩阵初步形成，品牌推动苏州水稻产业结构升级、增效增收成效明显。

四、主要成效

1. 经济效益突出　苏州大米区域公用品牌的导入，注重发挥市场需求的导向作用，成为苏州水稻产业绿色发展、标准生产、质量追溯、品牌推广的巨大市场推力，推进了水稻产业的供给侧结构性改革，水稻产业附加值的增加为高质量发展带来了高效益。评估组的统计调查结果表明，苏州大米区域公用品牌的建设推广，直接为苏州水稻产业增加产值 6.574 亿元，直接为苏州稻农增加经济效益 5.379 亿元，稳定了苏州市域稻农的种粮积极性，推动了苏州水稻产业的兴旺。苏州大米区域公用品牌建设的实践，探索了沿海发达地区在耕地资源紧缺、农业产业规模小的基础上提升单位面积耕地产出效益的产业兴旺、生活富裕高质量发展可复制路线。

2. 生态效益突出　苏州大米区域公用品牌的推广，直接推进了水稻产业绿色优质农产品基地建设与农产品区域公用品牌培育的紧密结合，《苏州大米良作良方》推动了苏州大米农产品区域公用品牌标准的宣传和贯彻，水稻生产绿色防控技术、模式的全域推广，既突出了有机肥、生物农药替代，让农业投入品减下来，又突出了农业废弃物资源化利用，让生态环境"美"起来，也突出了耕地轮作休耕推广，让农业资源"养"起来，推动苏州加快构建以绿色生态为导向的政策支持体系和绿色低碳循环的农业产业体系。苏州大米区域公用品牌的建设促进了苏州本土水稻优质种质资源的扩繁，传承了鱼米之乡的农业农村文化，有力推动了苏州农业农村生态、生产、生活的相得益彰。

3. 社会效益突出　苏州大米区域公用品牌的推广是高质量发展理念在苏州水稻产业的具体实践。围绕苏州大米区域公用品牌建设，苏州水稻产业加速形成一批高标准、环境优良、按标生产、全程管控、产品优质基地，栽培管理、投入品使用、质量追溯等全链条的绿色生产技术和管理规范深入人心，一批生产规模大、带动能力强、有影响力的绿色、有机农产品的水稻产业企业的知名度和竞争力上升明显，苏州大米区域公用品牌＋企业品牌＋产品品牌的品牌矩阵影响力正在扩展。在总结苏州大米区域公用品牌建设经验的基础上，苏州市政府制定并下发了《苏州市农产品区域公用品牌建设实施意见》，有力推进了全市品牌强农工作的深入贯彻，各地紧密结合特色农产品优势区建设，以绿色优质农产品基地为基础，大力培育一批具有鲜明地方特色和市场知名度，能带动特色产业发展、传承苏州乡村文化，覆盖市级、县级不同区域的"苏"字头精品特色农产品区域公用品牌集群。截至 2019 年 8 月，全市域共打造具有鲜明地方特色和市场知名度，覆盖市级、县级不同区域的农产品区域公用品牌 9 个，以苏州大米为引领的年销售额超亿元农产品区域公用品牌 3 个、超 5 000 万元的 6 个，农产品区域公用品牌集群雏形初现，农产品区域公用品牌建设推进农业高质量发展增值增效的苏州模式正在形成。

五、启示

农产品区域公用品牌强农苏州实践有以下五点启示。

1. 认识上要有质的飞跃　经济社会的高质量发展，要求农业也要高质量发展。农业农村部门要主动适应社会对农产品质量、特色、品牌的新要求，引导农业减少低端无效供给，增加绿色优质农产品，更好地满足人民日益增长的美好生活需要。要把区域公用品牌建设提高到提升农产品质量档次、形成区域特色、提升农业产业整体竞争力、增加农产品附加值、促进农民增收这一高度。

2. 角色上要有新的定位　在农产品区域公用品牌建设中，农业农村部门要敢于负责、勇于承担，积极做好战略引导者、产业维护者、资源协调者和市场监管者的角色，履行战略指引、公共服务供给、公共资源配置和市场秩序监管等职责。同时，要引导企业做好区域公用品牌建设主力军，引导社会各界共同参与，妥善发挥好政府的引导推动作用、企业的主体担当作用、协会的协调统筹作用，实现共建多赢。

3. 品牌上要有实的基础　区域公用品牌建设，要紧紧围绕各地优势和特色农业产业发展需要，以政府为主导、企业为主体、市场为导向，按照集中力量、整合资源、强化培育、扶优扶强的思路，科学布局，着重培育一批具有鲜明地方特色和市场知名度，能带动特色产业发展、传承当地乡村文化，覆盖不同区域的精品特色农产品区域公用品牌，在此基础上，引导并支持当地相关产业创建企业品牌和产品品牌，构建农产品区域公用品牌＋企业品牌＋产品品牌的品牌矩阵。

4. **保障上要有实的内容**　强化组织领导是推进农产品区域公用品牌建设的重要工作，要将品牌建设工作纳入当地乡村振兴战略考核内容，并组织开展农产品区域公用品牌工作的督查指导。要加大资金投入，各级财政要设立农产品区域公用品牌发展资金，资金主要用于农产品区域公用品牌矩阵建设。要完善政策体系，推进农产品区域公用品牌与农业、金融、商贸、科技等产业政策的深度融合，形成整体推进农产品区域公用品牌建设的政策合力。

5. **推广上要有新的形式**　要加强宣传推介，适应品牌推介形式新变化，积极打造一批有影响、有实效的宣传推介平台，在充分运用报刊、电台、电视台媒介形态和高炮、社区灯箱等广告媒体的基础上，通过自媒体、农博会、品牌推介会、产销对接会、网商对接会等渠道，开展形式多样、丰富多彩的农产品区域公用品牌宣传推介，支持企业建设农产品区域公用品牌专营店、专区、"互联网＋"等销售模式，形成多样化的产地和销地媒体传播，有效提升农产品区域公用品牌集群的整体影响力。

大 陈 黄 鱼

> **导语：**台州市椒江区是浙江省渔业重点县（市、区）之一，渔业在海洋经济和大农业中占有重要地位，大陈渔场作为全国四大渔场之一，具备优越的自然条件、适宜的生态环境、丰富的天然饵料，是黄鱼养殖的理想场所，也是全国最有特色的大黄鱼围栏设施和深水网箱养殖基地。自 2017 年以来，椒江区着力实施农产品公用品牌战略，打造独具特色的大陈黄鱼品牌，做大做强大黄鱼养殖产业，助力椒江区乡村产业振兴。

一、椒江全力打响大陈黄鱼品牌

大陈镇位于椒江区东南 52 千米的东海上，是椒江区唯一的海岛镇，历来以渔产丰富、盛产大陈黄鱼著称，素有"东海明珠"之称。自 2001 年椒江区引进大型抗风浪深水网箱养殖大黄鱼以来，围绕全国精品休闲渔业示范基地（休闲渔业主题公园）、全国大黄鱼养殖优势产业带重点建设区、浙江生态渔业示范区、浙江省海洋开发与保护示范岛建设，大力发展大黄鱼海水养殖产业。

2010 年 10 月，椒江大陈黄鱼品牌成功注册为国家地理标志证明商标，已连续多年在各级农博会、渔博会上荣获金奖，并获评"2017 年最受消费者喜爱的中国农产品区域公用品牌"和"2018 年浙江省优秀农产品区域公用品牌最具历史价值十强品牌"称号，2018 年，大陈黄鱼特色农业强镇（2018—2020 年）成功列入省级特色农业强镇创建名单。全镇现有大黄鱼养殖合作社 14 家、养殖公司 11 家，其中台州市级农业龙头企业 2 家，大陈黄鱼也已成为大陈镇农业增效渔民增收的主导产业、椒江区农业特色优势产业。

二、以产业育品牌，以品牌拓市场，打造独具特色的大陈黄鱼区域公用品牌

1. 园区聚集模式　近年来，大陈镇大力发展以大黄鱼为主导产业的海水养殖业，探索出浅水网箱养殖、深水网箱养殖、铜网围海养殖三次转型升级之路，形成了以大黄鱼深海抗风浪网箱养殖和铜网围海养殖相结合的园区聚集发展模式，已成为全国最大的深海抗风浪网箱养殖基地。深水

网箱养殖规模、养殖技术以及大黄鱼品质在全省均居领先地位，铜网围海养殖设备和养殖技术更是全国领先，被农业农村部列为"大黄鱼养殖优势产业带重点建设区"。2018年开展省级特色农业强镇创建，大陈镇大黄鱼养殖产值约4.5亿元，产量4 982吨。

2. 区域公用品牌战略　以乡村振兴战略为引领，树立创新、协调、绿色、开放、共享五大发展理念，按照"集聚、特色、精品"的要求，以大黄鱼养殖产业为基础，加速资源要素集聚，优化产业布局，延伸产业链条，完善服务体系，促进大黄鱼等渔业产业提质增效和转型升级；积极拓展农业多方面功能，推动技术渗透，强化利益联结，做精做优特色产业，着力提升大陈黄鱼品牌影响力和市场美誉度。

（1）生态优先、绿色发展。以生态优先、保护开发为基本守则，切实保护好现有的生态基底，避免开发建设对环境造成不可逆性损坏。注重区域内自然林带环境、岛礁资源、海洋生态环境的良性循环发展，做好保护与开发相互促进。坚持低碳高效、绿色发展，实现经济、社会、生态效益的统一。

（2）政策导向、规划引领。通过规划指导、政策利导、服务引导，充分发挥政府在大陈镇区域建设、农业规划布局中的主导作用。统筹安排，结合不同区块的现实条件和比较优势，考虑不同阶段的发展具体要求，突出重点，引导发展。

（3）深化改革、市场主导。加大体制机制改革力度，创新发展理念和模式，创新规划建设管理。立足市场需求，发挥市场配置资源和农业经营主体的作用，政府重在搭建平台、提供服务。注重区域资源禀赋特征和比较优势，立足特色主导产业，培育推进特色精品农业布局，防止盲目建设。

（4）品牌塑造、特色凸显。结合大陈镇区域独有的文化资源与渔业特色资源打造农旅联动的新型业态。不断挖掘大陈特色，形成旅游与特色产业互动的新局面。牢固树立品牌意识，积极借鉴各地的成功经验，培育提升区域公用品牌，实现社会效益和经济效益的双赢。

3. 主要做法

（1）突出先天资源优势。

一是渔业资源良好，产业基础深厚。大陈镇是浙江省第二大渔场，盛产大黄鱼、带鱼等多种经济鱼类，有着深厚的渔业历史。尤其是大陈黄鱼养殖打下了深厚的产业基础，具备一定的市场、技术基础，海水养殖潜力巨大。

二是养殖环境适宜，天然饵料丰富。大陈镇处在沿海低盐水系和外海高盐水系的交汇区边缘，是浙江沿海最适合岱衢族黄鱼育苗和岱衢族、闽东族黄鱼养殖的海区。加之海底平缓，滩涂泥沙质，质地松软且较厚。台湾暖流经过大陈海域，带来大量饵料，最适宜大黄鱼幼鱼生长，使得大陈黄鱼养殖品质优于其他海域。

三是自然环境优越，生态基底良好。大陈镇森林资源丰富，是浙江省海上森林公园、省级海洋地质公园。地形地貌类型多样，海岛景观奇绝，山海一体、水天一色，兼有山青、林茂、海蓝、岩雄、洞幽之美。大陈海岛气候冬暖夏凉，适合开发、开展休闲度假活动。

四是旅游资源特色突出，游憩项目丰富。大陈镇的自然资源和人文资源特色突出，拥有优美的海岛风光、特色渔村风情，有距离较近的无居民海岛、形态各异的岩礁、沙砾石地，更有垦荒文化、军事文化、两岸文化、渔村文化、海岛宗教文化等特色文化。

五是扶持政策明确，发展潜力可期。椒江区出台了相应的大陈黄鱼发展扶持政策，为大陈黄鱼养殖业的发展指明了方向，注入了强劲的发展动力。

(2) 正视产业发展难点。

一是资源分布零散，缺乏整体规划。人文资源、自然资源、产业资源单体数量极多，资源分布相对零散，缺乏整体布局规划，区域集聚性不强，难以形成联动发展的效应。

二是产业开发程度不高，缺少品牌引导。大陈镇的特色产业依托于丰富的海洋渔业资源，海水养殖以大黄鱼养殖为主，存在整体规模偏小、散户多、养殖分散、精深加工滞后等问题，在品牌建设方面缺乏有力引导。

三是抗险能力不强，易受台风影响。大陈镇是台风多发地，冬季易受冻害影响，对渔业养殖影响较大，渔业资源也容易遭受海洋赤潮、自然灾害等因素的破坏。

(3) 实施四大发展战略。

一是响应"一带一路"倡议、实施长三角城市群和陆岛联动战略。以产业统筹发展、资源统筹利用为切入点，利用地处国际三大洋航运交通中心的优势、被列为台州"三湾一岛"重要板块的契机，谋划建设陆海联动开放实验区，加强与周边区域中心城市的经济联系和协同发展。

二是加强渔业的基础地位，大力发展生态渔业和现代渔业，实施产业拉动战略。推动海洋渔业一二三产业的联动发展，由单纯的渔业养殖、海洋捕捞延伸至海岛农旅相关服务业，努力打造具有较强市场竞争力的现代海洋渔业。

三是坚持科技先导，推动渔业养殖方式绿色化、生态化，实施生态推动战略。切实保护和科学开发海洋渔业资源，实现海洋渔业可持续发展。加大绿色投资，倡导绿色生产生活方式，促进绿色增长，打好生态牌。

四是深化农业产业与旅游业的融合，实施农旅促动战略。挖掘大陈镇的海洋、海岛、生态、人文等优势，将渔业与休闲旅游、市场营销、文化创意等全面融合，有序建设农旅体验项目，完善配套服务设施建设，促进产业融合、主体融合、城乡融合，实现农旅互动、农商互赢、农文互融。

（4）注重品牌营销宣传。

一是农旅产品品牌融合。结合大陈镇独特的海洋、海岛、生态、人文等优势，将大陈黄鱼品牌与大陈旅游品牌整合，打造独具特色的大陈文化商标和特色渔业产品品牌，提升大陈黄鱼区域公用品牌。

二是加强大陈黄鱼品牌营销。开展母子商标策略，以大陈黄鱼为母商标，各个公司及合作社产品为子商标，建立统一的标准制度，注重大黄鱼产品整体营销宣传，引进"互联网＋现代渔业"思路，配合在外地合作设立分销点或发展定点采购单位等形式，逐步完善产品供销链，着力扩大大陈黄鱼区域公用品牌影响力。

三是组建大陈黄鱼产业协会。树立大陈黄鱼一体发展思路，组建大陈渔业产业协会，严格协会成员的养殖规范，大力推进养殖标准化，提高大陈黄鱼产品品牌公信力。

四是强化品牌文化内涵。以梅花湾公共服务中心和历史街区为依托，挖掘、传承大陈黄鱼历史文化，结合渔民的石头房子、渔民的饮食文化、渔民的生产作业方式、渔民的日常休闲娱乐等渔文化，打造"大陈黄鱼一条街"，让大陈黄鱼有味道、有历史、有内涵。

（5）提升主导产业发展。

一是打造产学研平台。依托宁波大学、浙江海洋大学、浙江省海洋水产养殖研究所等科技力量，对大黄鱼养殖技术、养殖设备、养殖品种等方面进行研究和优化，构建"企业＋科研机构＋高校"的产学研平台。

二是创新养殖模式。大力推广新型设施养殖和立体混养技术，积极推广使用新工艺、新技术、新材料，形成生态化、规模化、现代化的大黄鱼养殖产业，继续推广深水抗风浪网箱、铜围网设施养殖，重点探索深远海养殖平台建设。在养殖品种选择上，探索形成以优良的大黄鱼品种为重点，石斑鱼、黑鲷、红鳍东方鲀、梭子蟹等为补充的立体生态养殖模式。

三是构建种苗繁育体系。发展以大黄鱼为主导的鱼苗繁育产业，实现苗种本地化和良种化。

四是强化冷链物流建设。配置冷库等设备，加快大黄鱼产品的冷链建设，提升产品保鲜技术，加强与物流企业合作，完善产品供销链。

五是发展电子商务。大陈农产品流通平台提升发展，积极培育渔业电子商务主体，构建农产品冷链物流、信息流、资金流的网络化运营体系，加强产销衔接，发展智能养殖、智慧管理、电子商务于一体的"定制式生产"。

（6）发展渔业休闲体验。

一是打造海上渔情基地。依托大黄鱼各大养殖基地，开发渔业养殖观光游项目，形成喂黄鱼、赏黄鱼、钓黄鱼、吃黄鱼、购黄鱼的产业链，加快休闲渔船建设运营，进一步开发海钓、拖网等休闲渔业游乐项目。

二是打造海岛渔鲜圣地。深入挖掘海岛特色资源禀赋，做足大陈垦荒、两岸乡情、渔岛风光、渔业养殖等文旅文章，打造海岛渔鲜文化的主题餐饮特色一条街。

三是打造海岛风情名地。推进海岛特色主题农家乐、民宿建设，注重风格和需求层次差异化，深度挖掘海岛渔业民俗文化，开展海岛古村保护性修复工程，融时尚休闲业态于海岛渔村风貌之中。

三、利益联结机制

1. 构建联结机制

（1）发挥龙头带动联结作用。积极培育壮大农业企业，规范农民合作社发展，鼓励支持各类经营主体加强合作联结，以大陈黄鱼产业协会为纽带和桥梁构建利益共同体，通过多种形式扶持培育大陈黄鱼养殖行业的领军企业，发挥龙头带动联结作用，支持企业采取入股分红、二次分配等创新形式，让农户分享加工流通环节的收益。

（2）鼓励农民就地就近创业创新。完善产业发展与农民的利益联结机制，调动农民特别是广大小农户参与发展大黄鱼养殖、休闲渔业、产品销售等环节的积极性，构建联结紧密、利益共享的命运共同体，合理分享大陈黄鱼产业发展带来的红利，带动渔民增收致富。

2. 提升服务能力

（1）提升公共服务能力。统筹城乡发展，加强对外交通联系，提升内部交通能力，培育多元化、社会服务组织，巩固"渔小二"等机制创新，提升公共服务能力。

（2）完善旅游服务体系。设置 2 个旅游服务中心、4 个旅游服务次中心和若干个旅游服务站，提供农旅一体全方位服务，负责内外交通转换，提供游客度假咨询。

四、主要成效

1. 经济效益

（1）带动主导产业转型升级。大陈黄鱼品牌的提升能有效促进大陈镇主导产业转型升级，促进新型技术和养殖方式在大陈镇普及，对于大陈镇发挥资源条件优势，促进现代农业发展具有重要的意义。2018 年，大陈镇大黄鱼养殖产量达 4 982 吨。

（2）推动农业休闲旅游业发展。大陈黄鱼品牌的提升也能有效提升休闲渔业的整体发展水平，并带动完善游客服务设施和提升游客服务水平，提升整体效益。2018 年，大陈镇年旅游人数达到 20 万以上，年旅游总收入达到 1.6 亿元，其中，休闲渔业收入达 8 000 万元。

2. 社会效益

（1）推动特色、精品、品牌农产品发展。大陈黄鱼品牌的提升将整体带动大黄鱼养殖产业提质增效，通过优化产业布局，提高产出效率、优化产品品质、保障食品质量安全。农产品质量安全抽检合格率保持在 99％以上，90％以上规模生产经营主体纳入农产品质量追溯信息平台。

（2）拓展农业休闲观光功能。大陈黄鱼品牌的提升将促进相关养殖主体通过延伸产业链，拓展农业休闲观光功能，加快休闲农业与乡村旅游业开发，提升产品文化内涵，打造"大陈大黄鱼文化"，促进渔民就业转移与收入增加。2018 年，渔民转移就业人数占比达 50％，农民收入增长速度明显提升。

3. 生态效益

（1）优化产业布局。大陈黄鱼品牌的提升有利于农旅深度整合，促进养殖主体发展节约型和生态型农业，实现农业的低碳高效和可持续发展。

（2）实现生态宜居。大陈黄鱼品牌的提升有利于推进美丽乡村建设，切实改善农村发展环境，促进农业和农村经济全面、协调、可持续发展。

五、启示

椒江区以乡村振兴战略为引领，以农产品区域公用品牌建设为抓手，着力打造独具特色的大陈黄鱼区域公用品牌，做大做强大黄鱼养殖产业，推进主导产业与休闲农业、乡村旅游业融合发展，努力实现农业"强富美"，助力乡村产业振兴。椒江区以产业育品牌，以品牌拓市场，以园区聚集模式，依托产业基础，立足资源优势，突破发展难点，通过建设区域公用品牌，强化品牌营销力度，提升主导产业地位，大力发展休闲渔业，优化了产业布局，延伸了产业链条，促进了产业提质增效，既有效地提升了大陈黄鱼品牌影响力和市场美誉度，又较好地保持主导农业"集聚、特色、精品"的发展特色。

庆 元 香 菇

导语： 庆元香菇产业是庆元县最大的食用菌产业，在全国乃至全球都具有较高的知名度和影响力。庆元享有"中国香菇第一城"的美誉，生产的香菇在品质上有着得天独厚的优势。多年来，庆元县委、县政府高度重视庆元香菇品牌建设，庆元香菇早在2002年就荣获国家原产地域保护产品，是我国最早获得国家原产地域保护的食用菌地域品牌。庆元香菇证明商标于2003年获准注册后，先后获得中国驰名商标、省著名商标、省名牌农产品等称号，品牌价值达49.26亿元，多年蝉联中国食用菌第一品牌。

随着庆元香菇品牌的不断建设、品牌价值不断提升，庆元香菇产业进一步做大做强。乡村振兴战略的总要求是产业兴旺、生态宜居、乡风文明、治理有效、生活富裕，其中产业兴旺是乡村振兴的物质基础。庆元县香菇产业兴旺有效带动了全县香菇从业人员尤其是从事香菇种植菇农的经济效益，为庆元乡村振兴提供了有力保障。

一、主体简介

近年来庆元县食用菌种植农户4 000多户，年生产食用菌1.1亿袋左右。全县从事食用菌行业的企业、专业合作社等生产主体达380余家，入园企业11家，规模以上企业9家，省级农业龙头企业8家，建成全国最大香菇市场并投入运营，行业总产值36亿元。产业由简单食用菌种植向

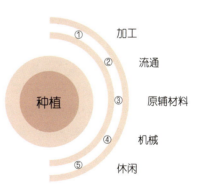

①加工
②流通
③原辅材料
④机械
⑤休闲
种植

加工、流通、原辅材料、机械、休闲等方向发展，形成较完备的食用菌产业全产业链。

1. **生产集约化程度逐步提高**　为加快庆元县食用菌生产集约化进程，美化食用菌生产环境，实施食用菌菌棒政策性保险，推行了菌棒生产工厂化、栽培管理基地化的新模式，开展菌棒工厂化生产、标准菇棚建设政策

扶持。近年来，扶持建成菌棒工厂化生产厂76家，改造提升钢架标准菇棚87万平方米，先后建成东瓜源、蔡段、大坑、八三、龟背等食用菌标准化生产基地。

2. 产品精深加工不断深入 全县食用菌加工企业60多家，省级农业龙头企业8家，食用菌产品涵盖食用菌保鲜品、食用菌休闲食品、食用菌饮品、食用菌保健品、食用菌药品、食用菌筒袋、食用菌机械等方面。

3. 市场流通体系日益完善 投资15.67亿元的庆元香菇市场迁建及物流中心项目部分投入使用，350多家商户入驻，并被列入浙江商品国际采购中心创建主体。以香菇市场为核心的庆元香菇小镇列入省级特色小镇第二批创建名单，成功发布"庆元·中国香菇指数"，引领香菇行业。

二、模式简介

1. 发展模式 构建庆元香菇公用品牌，公用品牌与企业自有品牌并举，形成庆元香菇品牌合力。形成公司（合作社）＋基地（农户）＋商标的合作模式，全面推行两头集中、中间分散的生产模式，有效地推动了庆元香菇产业发展。

合作模式	公司（合作社）＋基地（农户）＋商标
生产模式	两头集中、中间分散

2. 发展策略

（1）实施标准化生产，提升产品质量。产品质量仍然是最终决定产品销量的首要因素。通过制定标准、推行菌棒工厂化、菇棚标准化等措施，保障庆元香菇作为公用品牌的产品质量。

（2）依托庆元香菇文化，提振庆元香菇公用品牌。庆元县是最早人工栽培香菇的地方，有着悠久的香菇栽培历史，在香菇栽培的过程中，孕育出了丰富多彩而又极具地方特色的庆元香菇文化，这是其他香菇产区没有的优势。近年来，庆元县依托庆元香菇文化优势，将香菇文化和香菇产业融合，探索庆元香菇品牌提振、乡村经济振兴之路。

（3）规范商标管理，制定实施品牌战略。严格规范庆元香菇证明商标管理，确保每个加贴证明商标的产品都产自庆元。制定并实施品牌长远战略规划，保障品牌长远建设需求，进一步提升庆元香菇品牌价值。

实施标准化生产，提升产品质量
• 制定标准，推行工厂化、标准化等措施

依托庆元香菇文化，提振庆元香菇公用品牌
• 结合文化特色，实现"文化+产业"的融合发展

规范商标管理，制定实施品牌战略
• 实施品牌战略规划，保障品牌建设需求，提升品牌特有价值

3. 主要做法

(1) 严格生产管理，提高产品品质。

① 制定专门标准。制定《地理标志产品 庆元香菇》(GB/T 19087—2008)。在全国率先提出了标准化生产，制定了《庆元县香菇系列标准实施规范》和《庆元香菇标准化生产技术规程》等系列标准，并根据实际情况和要求不断制定和完善相关标准和规程，为全面实施香菇标准化管理打下扎实基础。

② 推进标准化生产。庆元县把加快产业标准化建设与农产品品牌培育紧密结合起来，加强食用菌标准化体系建设。一是全面推行菌棒工厂化生产。2012 年开始出台扶持政策，全面推行"菌棒工厂化生产＋分户出菇管理"的模式，建成 76 个菌棒工厂化生产厂，年生产能力达 7 500 万袋，实现菌棒工厂化生产县域全覆盖。二是建立食用菌标准化生产基地。建成松源食用菌示范区、赤坑洋主导产业示范园、东瓜源食用菌标准化生产基地、蔡段食用菌集约化生产基地、庆元县食用菌标准园等标准化生产基地，逐步实现香菇栽培管理基地化。三是开展标准菇棚改造。庆元在 2010 年就开始谋划标准菇棚改造，并把镀锌钢架标准菇棚纳入园区扶持政策。近几年，随着"六边三化三美"工作的推进，菇棚改造不断深入，至 2018 年底，全县完成标准菇棚改造 87 万余平方米，推广菇棚套种杨树300 多亩。

③ 新建永久性基地。高标准的香菇生产基地，可以提高管理效率，有利于香菇生长，同时可以有效地降低越夏风险。但是固定资产投入大，菇农由于缺少资金，难以完成建设。庆元县出台政策，鼓励村集体以项目形式完成基地土地流转和大棚设施等建设，将基地作为村集体资产，出租给菇农进行香菇种植。

④ 提高产品质量。2013 年，庆元县顺利通过出口食用菌质量安全示范区考核评估，成为国家级出口食品农产品质量安全示范区。2016 年，成为全国优秀出口香菇基地县。目前，全县食用菌行业拥有有机产品 45

个、无公害产品 4 个、无公害产地 4 个、绿色食品 6 个。2017 年，成立庆元县出口农产品企业协会，开展庆元县出口食用菌基地全县域备案工作，从供给端提升产品质量水平，助推食用菌产品实现内外销的"同标同质"。

⑤ 科技支撑产业提升。庆元县不断完善浙江省食用菌工程技术研究中心、浙江省丽水食用菌技术创新服务平台、李玉院士工作站和丽水职业技术学院庆元食用菌学院等创新载体建设，提升区域创新综合服务能力；开展"星期天工程师"柔性引才，为食用菌产业转型升级提供科技支撑。近年来，庆元县食用菌科研中心选育的庆灰 151、庆灰 152、庆科 212 等品种通过省级品种审定，其中庆科 212 列入浙江省农业主推品种，2017 年县食用菌科研中心获浙江省重才爱才先进单位，李玉院士专家工作站被评为全国示范院士专家工作站。企业结合自身产品特征，利用这些平台开发出了一系列特色产品，有效提升了企业的竞争力。如百兴食品推出了馋嘴菇、菌菇小菜等菌蔬系列即食（休闲）食品和九菇鲜等调味品，江源菇品、千百川等推出了菌菇脆片，百兴生物科技推出了真菌多糖酵素，方格药业开发了灵菊胶囊、千菌花复配多糖粉等食用菌多糖养生保健产品等。

⑥ 细化产业分工，完善生产社会服务。细化食用菌栽培分工，分解为菌棒生产、出菇管理、初级加工等多个环节，鼓励建立装袋、接种、采收、补水和分选等专化服务机构，完善生产社会服务体系建设，推进食用菌栽培向现代化、规模化方向发展，不仅让食用菌农场主从繁重的生产劳动中解放出来，专注管理和经营，同时专业化分工可以有效提升各环节的标准化，有利于进一步促进产品质量提升。

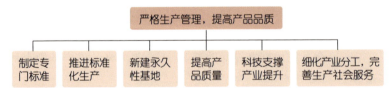

(2) 深挖庆元香菇文化底蕴，提升庆元香菇品牌。

① 发掘庆元香菇文化，扎实文化基础。庆元是香菇人工栽培的发祥地，自吴三公发明剁花法栽培香菇至今已经有 800 多年历史，悠久的栽培历史，发展演化出了丰富多彩的香菇文化，如菇神庙会、香菇功夫、菇民戏、香菇山歌等。庆元县组织相关专业技术人员，对这些香菇文化进行了深入发掘，产生了一系列的非物质文化遗产和一批非物质文化遗产传承人，并先后出版《香菇春秋》《菇神吴三公》《庆元香菇文化丛书》等书籍，为香菇文化继承和发扬奠定了扎实的基础。

② 申报中国和全球重要农业文化遗产。经过多方努力，2014 年 6 月，庆元香菇文化系统被农业部正式认定为第二批中国重要农业文化遗产；2016 年 3 月，被农业部列入中国全球重要农业文化遗产预备名单（共 28 项）。庆元香菇文化系统也是目前我国食用菌领域唯一的中国重要农业遗产。为顺利完成浙江庆元香菇文化系统这一全球重要农业文化遗产申报工作，成立了庆元县全球重要农业文化遗产申报领导小组，由县长任组长，制订了浙江庆元香菇文化系统全球重要农业文化遗产申报实施方案，并安排了专人负责申报事宜。

③ 举办香菇文化节，弘扬香菇文化。确定 11 月 11 日为中国（庆元）香菇文化节，每 3 年举办一次，广邀国内外宾客，从 1992 年起连续举办香菇节，充分向外界宣传和展示了庆元香菇文化。

④ 做深、做细香菇朝圣品牌。西洋殿是吴三公祖庙，已经成为国内外食用菌界人士向往的朝拜圣地。每年开展西洋殿民间庙会与吴三公祭祀活动，以香菇始祖节会朝圣、寻祖朝圣、观光朝圣和网上朝圣等活动做深、做细香菇朝圣品牌。2017 年，香菇始祖吴三公朝圣活动被列为全省 5 个"民间民俗·多彩浙江"优秀传统文化项目之一。在吴三公故里龙岩村，重建吴三公故居与吴三公祠等场所供人们祭奠。

⑤ 打造系列香菇文化传承与展示区。1997 年新建中国庆元香菇博物馆，是全国最早创建的香菇专题博物馆。博物馆共设香菇之源、香菇之路、香菇之韵、香菇之问、香菇之歌 5 个单元和 1 个临时展厅。通过珍贵的历史文物、菇山生产场景复原及多媒体互动、幻影成像等高科技手段，全方位、多角度展示了香菇文化的源远流长和香菇产业的绚丽辉煌。投资 2 000 多万元，建成香菇文化园，内设菇乡之春、菇林菇寮、菇林人文、菇乡文化园、大济仕韵等景观。创建浙江省特色小镇——庆元香菇小镇。小镇以香菇市场有限公司为建设主体，以新香菇市场为核心，以香飘四逸购物地、科工联动长寿地、乐享文旅宜居地的"三地合一"为定位，描绘"菇区集聚·香飘四园"蓝图。

深挖庆元香菇文化底蕴，提升庆元香菇品牌				
发掘庆元香菇文化扎实文化基础	申报中国和全球重要农业文化遗产	举办香菇文化节弘扬香菇文化	做深、做细香菇朝圣品牌	打造系列香菇文化传承与展示区

（3）实施品牌战略，提升品牌形象。

① 制定战略规划，加强品牌建设。2016 年 9 月，委托浙江大学 CARD 中国农业品牌研究中心课题组编制《庆元香菇区域公用品牌战略

规划》，深入挖掘庆元香菇品牌价值，提炼品牌核心价值、品牌口号，建立全新的庆元香菇品牌价值体系，形成庆元香菇未来 5 年的品牌发展纲领和行动指南。

② 规范商标使用，提升品牌价值。一是制定商标规则。为了规范庆元香菇商标使用，庆元县相继制定出台了《庆元香菇证明商标使用管理规则》《庆元香菇证明商标使用管理办法实施意见》《庆元香菇证明商标使用管理须知》等一系列制度文件。二是规范商标使用。一直鼓励企业在产品包装上打双商标，实现企业自身品牌与庆元香菇公用品牌的共同宣传。目前，全县 33 家企业及合作社登记使用庆元香菇公共商标。三是开展国际注册。庆元香菇商标申请马德里商标国际注册，美国、德国、西班牙、法国、意大利、日本、塞尔维亚 7 国通过核准。

③ 创新宣传平台，提升品牌形象。一是创建庆元香菇小镇。2016 年 1 月，香菇小镇列入省级特色小镇第二批创建名单。小镇 5 年计划投资 32 亿元，目前已完成固定资产投资 11.3 亿元。2017 年 6 月，庆元县香菇特色小镇被中国食用菌协会授予全国食用菌特色小镇示范单位。二是多管齐下宣传。每年投入近千万元，通过电视纪录片、故事片拍摄，高炮广告、公交车广告、登机牌广告、杂志广告、展示展销等多种方式进行宣传。

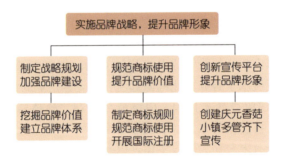

三、利益联结机制

1. 签订订单式合同 在香菇生产前，菇农与龙头企业订立购销合同，约定交售产品的质量、数量、时限、价格（有固定价格和保底＋浮动价格两种）以及龙头企业承诺的服务内容等事项。菇农根据合同约定组织生产，企业按合同约定收购香菇。

2. 社会化服务协作 主要是龙头企业、合作社与菇农在资金、技术、信息和销售等方面协作。比如菌棒工厂化生产企业，利用专业化的生产设备为菇农提供标准、均一的菌棒，不仅使菇农的设备投入大大降低，同时实现食用菌专业化分工、工厂化生产，减轻劳动强度、提高生产质量、改善生产环境、扩大生产规模。

3. "龙头"带动联结机制　通过龙头企业、家庭农场、专业合作社带动，有效地带动了庆元香菇产业发展，直接提供就业岗位 6 000 多个，为庆元县就业作出了巨大贡献。全县各加工企业年消耗香菇等食用菌达 2 000 余吨（干品），占全县食用菌产量近 1/3。

4. 村级组织领办联结机制　由村组织领办香菇种植基地基础设施建设，采用高标准的连栋大棚作为香菇栽培设施，以项目的形式实施，将基地作为村集体财产。新建完成后，出租给菇农进行香菇生产，这样有效地降低了菇农的固定资产投入，减轻了菇农的资金负担和投资风险，同时又使村集体收入增加。

四、主要成效

1. 经济效益　基本完成庆元香菇品牌构建，实现品牌价值大幅度提升，庆元香菇产品价值溢价空间得到有效提高。通过多方努力，庆元香菇产品比其他产区香菇价格高 4～6 元/千克。通过实施标准化香菇生产、标准化菇棚改造等一系列措施，香菇接种成品率比传统方式提高 2.4%，通过菇棚改造香菇菌棒越夏烂棒率下降 2.12%，香菇菌棒产量提升 4% 左右。

2. 社会效益　依托庆元香菇文化，进一步提升庆元香菇品牌价值，同时有效地促进了庆元香菇文化遗产保护与利用，更好地保护了庆元香菇文化。

通过社会化组织协作，菇农直接购买菌棒，使食用菌种植劳动强度大幅度降低，解决了因从业人员老龄化而出现的食用菌种植过程中拌料、装袋等高强度工作难以完成的难题。并且通过菌棒集中生产，有效降低家庭作坊式生产中占道拌料的乱象和生产集中期拌料引起的灰尘四散的景象，改善了生产环境。

3. 生态效益　通过推广菌棒工厂化，降低了香菇生产的能源、材料等损耗，同时减少了操作过程中的灰尘等污染。而实施菇棚改造，美化了香菇种植集中区域的人居环境，促进了美丽乡村建设。

五、启示

实现乡村经济振兴，其中重要的一个办法就是以产业带动振兴，没有兴旺的产业，农民就业增收就没有保障，农村留人聚气也会很困难。如何结合区域特点，找准产业，并做大、做强产业，助推乡村振兴，需要探寻与思考。

　　庆元县结合区域特点，以香菇产业为切入点，以深厚的庆元香菇文化为依托，深挖细凿，将文化融入产业，提升香菇产业底蕴。同时实施标准化生产，规范庆元香菇品牌管理，打造庆元香菇品牌，实现了品牌建设带动香菇产业做大、做强，在激烈的国内外竞争中突出重围，有效带动庆元乡村经济的振兴，其中的做法和经验对其他地区有一定的借鉴参考价值，值得深入挖掘与总结。

建德苞茶

导语：建德隶属浙江杭州，被称为中华文明之光的"建德人"就诞生在这方古老的土地上。建德历来名茶辈出，闻名四海，陆羽《茶经》中记载的中国八大茶区之一的古睦州，指的就是建德。南宋期间，建德茶叶成为地方向朝廷进贡的主要贡品之一；明清期间，建德茶区不断扩大，饮茶氛围日趋浓厚，吸引不少文人雅士吟诗赞颂，留下许多不朽诗篇，有"舟过新安江，鼻间皆茶香"的美誉，这些无不说明建德在唐朝之前已产茶叶，并久享盛誉。新时代，建德市通过市场运作与政府引导相结合，优化资源配置，创新经营管理和品牌营销机制，打造以生态、安全、有机为内涵的建德苞茶区域公用品牌，努力把茶叶产业培育成促进农业发展、增加农民收入、提升建德形象的支柱产业，这对推动茶产业高质量发展、提升茶产业效益水平、助推乡村振兴具有重要意义。

一、建德茶产业概况

建德市地处浙江西部山区，境贯"三江一湖"，森林覆盖率76.2％，生态地理气候优势得天独厚，产茶历史悠久。建德四季分明，总体适宜，冬暖夏凉，气候宜人，气候风险低，生态环境好，空气优良比例高，宜居宜游条件好。全市茶叶种植面积6.36万亩，分布在16个乡（镇、街道），从业茶农约有2万人，建德苞茶生产企业64家，茶叶专业合作社6家，家庭农场7家。其中农业龙头企业9家，包括1家省级农业龙头企业，5家市级农业龙头企业，3家县级农业龙头企业。

建德苞茶，简称苞茶，创制于清同治年间（1870年），产自浙江省建德市，又称严州苞茶，是一种兰花型细嫩半烘炒绿茶，是国家地理标志保护产品。该茶以区域内适制的中小叶种茶树的鲜叶为原料，经摊青、杀青、摊凉、揉捻、理条、摊凉回潮、整形、烘干等工序加工而成，是具有花苞形、清甜香典型品质特征的绿茶产品。按茶树品种不同，分为3个系列，黄化系品种为金苞系列，白化系品种为钻苞系列，常规品种为翠苞系列。2019年全市春茶总产量1 420吨，总产值3.21亿元，其中建德苞茶等名优茶产量685吨，产值3.14亿元，共有29家生产流通企业获取了建德苞茶证明商标准用证，建德苞茶品牌专卖店达到17家。

管理模式	市场运作＋政府引导
环境特点	四季分明，总体适宜，冬暖夏凉，气候宜人，气候风险低，生态环境好，空气优良比例高，宜居宜游条件好
内涵理念	生态、安全、有机
加工过程	摊青、杀青、摊凉、揉捻、理条、摊凉回潮、整形、烘干等
产品特征	花苞形、清甜香
品种分类	黄化系品种为金苞系列，白化系品种为钻苞系列，常规品种为翠苞系列

二、建德苞茶区域公用品牌运营与管理模式

1. **模式概括**　建德苞茶区域公用品牌管理实行以品牌质量管理与服务中心＋协会＋国资控股公司的"多块牌子一套班子"模式，推行"一站式"服务和"捆绑式"管理。成立由政府分管市长任组长的建德市茶叶品牌建设领导小组的品牌管理协调机构，建德市茶叶产业协会制定发布了《建德苞茶商标管理实施细则》《建德苞茶包装使用管理办法》等 6 个配套制度，初步构建起了一个基于地理标志证明商标的建德苞茶区域公用品牌使用管理框架和操作办法。

2. **发展策略**　以习近平新时代中国特色社会主义思想为指导深入贯彻落实党的十九大精神，以推动乡村振兴和发展现代农业为目标，通过市场运作与政府引导相结合，优化资源配置，创新经营管理和品牌营销机制，打造以生态、安全、有机为内涵的建德苞茶区域公用品牌。按照一个公用品牌、一套管理制度、一套标准体系、多个经营主体和产品的思路，大力推进建德苞茶品牌的整合和塑造，构建以建德苞茶为统一的区域公用品牌，以各级著名商标为主体，中小企业广泛参与的"建德苞茶＋"品牌建设体系。

3. **主要做法**　建德苞茶是浙江绿茶的精品，是最具建德地方特色、传承千年的"建德名片"。继 1979 年恢复创新以来，先后荣获了中国文化名茶和浙江省一类名茶、北京茶叶博览会金奖。2008 年，国家质量监督检验检疫总局对建德苞茶实施地理标志产品保护，2010 年，建德苞茶被国家工商行政管理总局商标局核准注册为地理标志证明商标，实现了建德苞茶从"品名"到"品牌"的历史跨越。2017 年建德市政府启动了建德苞茶区域公用品牌建设计划，建德苞茶从此进入了一个正本清源、依托品牌、经营有序、健康发展的崭新时期。

（1）舆论宣传与氛围营造。建德苞茶虽是区域性传统历史名茶，但沉

寂了一段时期，相对而言在流通市场里处于知名度低的境地。因此，应把宣传推介建德苞茶区域公用品牌列入品牌质量管理与服务工作的重要内容当中，积极借助互联网、报刊、电视、广播等媒体及茶事节庆活动等时机，广泛宣传建德苞茶区域公用品牌的地位、产区范围，帮助消费者正确识别，让社会各界共同加入保护和维护建德苞茶声誉的行列中来，为品牌建设行动计划的顺利实施营造良好氛围。如在 2018 年 4 月 14 日，举办以"百年苞茶·香闻天下"为主题的建德苞茶区域公用品牌发布会，以及在 2019 年 4 月 12 日，举办以"气候宜居地·建德苞茶香"为主题的国家首个气候标志茶产品——建德苞茶品牌推介活动为契机，先后通过中央电视台、浙江电视台等近 50 家主流或行业媒体（报刊、电视、广播等）发布新闻报道，经过广泛转载宣传，收效良好。

（2）品牌使用与检查保护。打造建德苞茶区域公用品牌目的是让更多的经营主体使用，并从中受益。相关单位通过动员、培训、推进、现场辅导等，引导、帮助企业申请使用建德苞茶区域公用品牌。探索建德苞茶区域公用母品牌与紫高尖、千里岗、朝露、千岛银珍等企业子品牌之间的战略合作机制，实现双方共赢，形成了一个建德苞茶区域公用品牌企业集群。截至 2019 年，有 29 家生产流通企业获得了建德苞茶证明商标准用证，相关母子商标结合的建德苞茶品牌专卖店达到 17 家。2018 年 4 月 1 日至 2019 年 5 月 30 日，建德市农业农村局、建德市市场监督管理局和建德市茶叶产业协会联合组织开展了建德苞茶证明商标使用专项检查，共发放宣传资料 317 份，检查茶叶生产企业 29 家、茶叶经销店 17 家、包装印制企业 5 家，发现不规范使用产品 5 个，责令整改企业 3 家。部门协同的检查整治，提升了企业规范使用区域公用品牌的自觉性和严肃性。针对产销经营中存在的某些企业产品"质级不符"等问题，组织专家对样品（预包装产品）的质量定级进行评审，对包装标签标识进行审查，从实践来看，已产生了良好作用。

（3）标准化与质量管理。建德苞茶产区范围广、加工企业或农户众多，为保证建德苞茶传统特色和市场需求，先后制定了《建德苞茶生产技术规范》（DB33/T 729—2015）、《建德苞茶》（T/JDCX 001—2018）等地方和团体标准。2018—2019 年，建德市农业技术推广中心联合浙江大学、中国农业科学院茶叶研究所、浙江省农业农村厅、杭州市农业科学院及产区主要生产企业，结合"建德苞茶不同系列产品品质特征"研究，制定了"建德苞茶"标准实物参考样，并通过了浙江省茶叶标准化技术委员会组织的专家审定，为加强建德苞茶质量管理提供了技术支撑。在质量管理上，建成了一条国内先进的自动化充氮包装生产线，为全市建德苞茶成员单位的统一评审、统一包装提供全程服务。

（4）技术比武与非遗传承。开展炒制技术比赛，是传承建德苞茶加工技艺、保证产品风格特色的重要一环。多次举办了建德苞茶炒制比赛（比武、茶王赛等），既有传统手工比赛，也有机械炒制和机手结合的。通过多方共同努力，实现了建德苞茶市场拓展、品牌提升、茶农增收。产品主要销往江浙沪地区，同时远销德国、法国、英国等欧盟国家。可以说，建德苞茶已成为建德市产区范围最广、涉及纯农较多、产业规模较大、区域优势最强、文化沉淀最深，对乡村产业振兴贡献较大的区域公用品牌。

三、建德苞茶区域公用品牌建设主要成效

1. 利益联结机制　通过规划引领、科技支撑、品质提升、园区示范、精准宣传、营销创新等措施，成立建德苞茶农业开发有限公司，负责建德苞茶区域公用品牌的具体运作；开展了统一评审、统一包装服务，印制和使用建德苞茶系列包装 6 万余套，得到了茶叶生产企业的一致好评；建成了建德苞茶质量管理与服务中心、建德苞茶文化中心、建德苞茶综合体验馆，开设了建德苞茶品牌形象店；建成了多个建德苞茶标准化示范园；举办了多次建德苞茶茶叶节和品牌发布会，通过各种平台和媒体加大品牌宣传，在目标核心市场形成一定的品牌影响力、核心竞争力。2018 年，全市鲜叶收购价稳定在 20 元/千克左右，其中，优质白茶鲜叶收购价稳定在 40 元/千克以上，龙井 43 鲜叶收购价持续稳定在 27.5 元/千克以上，良种茶园平均出售鲜叶年产值可达 7 000 元/亩，茶农的种植积极性显著提高。

2. 主要成效

（1）产业规模稳中有升。建德市政府高度重视茶叶产业，出台多项扶持政策。全市累计新建无性系良种茶园 1.85 万亩，改造低产茶园 2.08 万亩，全市 4 万亩茶园获无公害农产品基地认证，6 家企业的 1.56 万亩基地通过有机茶产品认证。

（2）经济效益大幅增长。2018 年，建德市共有茶园 6.36 万亩，茶叶年产量 2 850 吨，实现产值 3.29 亿元。与 2012 年相比，茶园面积增长了16.8%，产量增长了 4.8%，产值增长了 38.7%。其中建德苞茶等名优茶产量达到了 650 吨，实现产值 2.92 亿元。

（3）质量管理更趋严格。为加快建德苞茶区域公用品牌建设，专门成立建德苞茶品牌质量管理与服务中心，为全市建德苞茶产品的统一评审、统一包装提供全程服务。从源头上把好茶叶生产的质量关，完成了"品牌＋质量管理与服务中心＋龙头企业＋基地"产业化框架的构建，依托品牌

质量管理与服务中心这个创新平台，有效加强了产品质量的管理，实现了标准化生产，形成了成熟的供应链。

> **主要成效**
>
> **产业规模稳中有升。**政府高度重视并出台政策
> **经济效益大幅增长。**2018年与2012年相比，茶园面积增长16.8%，产量增长4.8%，产值增长38.7%，实现产值2.92亿元
> **质量管理更趋严格。**把好茶叶生产的质量关，"品牌+质量管理与服务中心+龙头企业+基地"产业化框架的构建，依托品牌质量管理与服务中心这个创新平台，加强产品质量管理，实现标准化生产，形成成熟供应链

四、启示

1. 应有一个科学、务实的顶层设计　新时期要以实施乡村振兴战略和农业高质量发展为指导，根据区域的文脉、产业、相关资源特征等，因地制宜地运用法律、法规、行动计划、行业规范、制度细则等综合手段，通过引导、服务、整顿和规范，使区域公用品牌得到保护、市场得到拓展、消费者权益得到保障、产区农民得到增收、产业得到提升。在具体工作中，采取整体规划、分步实施、逐步规范、全面推进的策略，实行政府主导、企业主体、部门协作、上下联动的运作机制。

2. 应有一个协同、公益的管理部门　应当根据当地的产业状况、资源匹配程度、运营者的品牌管理水平与资源协同能力等，因地制宜地选择协会、国有制企业、混合所有制企业等运营主体，解决好品牌所有权、使用权、运营权三权关系，要充分调动相关部门、各级组织、市场主体以及广大农民的积极性，共同做好一件事。

3. 应有一个完善、公共的综合平台　建立一个多功能的区域公用品牌质量管理与服务平台十分必要，完善的公共服务平台不仅可以为产业集群提供信息、技术和资金，更重要的是还能协调集群成员之间的关系，开展技术培训和人才培养，使产业形成一种特殊的文化氛围。

总之，在乡村振兴的大背景下，农产品区域公用品牌建设作为实现产业兴旺、助推乡村振兴的重要抓手，要坚持降低成本、精准沟通、有效传播的理念，利用农业品牌具有独特而丰富的文脉、传说故事、一线匠人等天然IP，引进现代时尚的方法、手段和工具进行改造，在做好形象创意、包装设计、广告投放、活动宣传、品牌传播的同时，融入更多体验场景、文创新品，多点发力，快速积累品牌内涵。

第二章　文化类品牌

常州市昌玉红香芋

导语： 江苏省常州市金坛区直溪镇的建昌圩，四面环河，一洲浮起，风光旖旎，地貌独特，物产富饶。圩内民风淳朴，文化底蕴丰厚。据传，"天仙配"的故事即发源于此；抗战期间，建昌圩成为苏南新四军抗日根据地之一，陈毅、曾山、谭震林、江渭清等老一辈无产阶级革命家曾在此浴血沙场，小红妈、曹江临、张松柏等建昌儿女在这里留下了可歌可泣的英雄业绩，建昌圩被誉为中国革命的"小莫斯科"和"红色摇篮"。中共苏皖一大会址、新四军兵工厂、军服厂和湖滨学校等都闪烁着红色文化的光芒。据说当年陈毅司令员从茅山来到建昌，拥军模范小红妈煮了一大锅红香芋咸粥款待同志们，陈毅咬了一口红香芋，顿时诗兴大发："此味只应天上有，不到建昌哪得尝。"改革开放以来，建昌圩形成了红色、孝爱、宗教、水圩、农耕、建筑等具有地方特色的水文化。2011 年，建昌圩被中国乡土艺术协会

"供给农业社会主义建设先进单位"荣誉证书

命名为"中国圩文化之乡"。1958 年，国务院总理周恩来为建昌养殖场颁发了"供给农业社会主义建设先进单位"的荣誉；国务院副总理李岚清也曾为建昌圩题词。

建昌圩是苏南地区最大的圩区，地势低洼，建昌红香芋生长所需的是建昌圩区独有的沙壤土，同时处于亚热带气候区，光照充足，其独立水系，清澈见底，微甜中性，所产的鱼虾也在江南久负盛名。高磷沙质土壤，加上得天独厚的湿润气候条件，有利于红香芋生长发育。红香芋皮红、肉白、带有特殊的香味，由于独特的土壤、特有的品种及传统的栽培方式，红香芋表皮微红，蒸煮后醇香、质硬、爽口，富含 17 种氨基酸和多种维生素、微量元素，是典型的保健类食品。据史料记载明朝时红香芋就作为贡品，近些年来深受广大消费者的喜爱。有诗称赞："建昌香芋肉质糯，肌理细腻风味殊。乡人直当青精饭，一饱炙背百不如。"

一、基本情况

常州城区的人，每年中秋都有吃"桂花糖芋头"的习俗，预示着年年有"芋"。建昌种的芋头，以前大部分都是在这个时节销往常州。三五家有近 500 千克芋头时，就会合并一条木船，大家轮流摇橹送到常州的怀德桥出售。途中出建昌圩时，还要把芋头挑上圩埂，把木船拉上来，再到外河装船行驶。从建昌到怀德桥，单程就要 24 小时。那时的正常价格为 1~1.2 元/千克，但碰上行情不好时最低价格只有 0.4~0.6 元/千克。老芋农说，如果遇到贱市，大半年的辛苦劳碌如同竹篮打水——一场空，在回来的船上，对全年指望红香芋收成的芋农来说，跳下去的心思都有了，那时候的艰辛，无法用言语形容。后来公路开通，交通便利了，于是卜弋桥那边有做芋头生意的"抱团"找上门来，在当地找上联系人，帮他们组织货源。前后大约十几年的时间，芋头的收购价都只在 1.2~1.6 元/千克。价格的主动权始终掌握在这些生意人手中，芋农的种植积极性并不高。

2008 年 5 月，在各级政府部门的关心下，金坛市昌玉红香芋专业合作社成立，并于 2015 年金坛撤市设区时更名为常州市昌玉红香芋专业合作社。合作社一班人马团结合作，务实创新，奋力开拓，使建昌红香芋的种植规模不断扩大，知名度不断提升，农户和合作社的效益同步提升。

常州市昌玉红香芋专业合作社成立之初，就深刻地意识到品牌的成长是农业竞争力提升的重要途径，合作社先后通过了 ISO 9001 质量体系认证、绿色食品认证。2009 年合作社被江苏省科技厅认定为江苏省首批科技型农业专业合作社，被常州市企业信用（合同）评审委员会认定为信用合同AAA级企业。多次获各农业博览会消费者最满意奖。2014年成为国家级农民合作社示范合作社，被评为农业现代化建设先进集体、金坛市十佳农民专业合作社；2015年健倡牌红香芋入选全国名特优新农产品，获新华社首届消费者最喜爱的绿色食品奖、2015年中国绿色食品博览会金奖、第二届江苏品牌紫金奖、2015年富有竞争力的江苏地理标志品牌；2016年常州市昌玉红香芋专业合作社在全国148万个合作社中通过层层选拔成功入选"全国百家农民合作社百个农产品品牌"，还入选了"江苏省十家农民合作社十个畅销产品品牌"，获得了江苏好杂粮金奖等多项殊荣；常州市昌玉红香芋专业合作社作为协会的会长单位，组织建昌红香芋参加了2017年江苏省工商行政管理局举办的"江苏十大人气地理标志品牌"评选活动，建昌红香芋在江苏省257个地理标志品牌中脱颖而出，荣膺"江苏十大人气地理标志品牌"，2018年获得"常州市五大特色农产品品牌"，入选"常州十大美味"；2019年被农民日报评选为"全国500强农民合作社"。

所获荣誉

二、品牌建设

1. 展会展销　常州市昌玉红香芋专业合作社十分注重品牌打造，及时注册了健倡红香芋商标，通过多渠道、多形式的品牌宣传，每年积极参加全国各地的农产品推荐会，每次推荐会都会蒸煮芋头 150～200 千克供消费者免费品尝。通过试吃品鉴建昌红香芋，让消费者了解其香糯爽滑的口感；再通过互联网、当地媒体、报纸，江苏卫视、CCTV－2、CCTV－7 等电视频道专题报道，进行多方面的宣传，从而得到消费者的广泛认可，逐步打响建昌红香芋这一品牌。

农产品推荐会

2. **网络销售** 常州市昌玉红香芋专业合作社通过"互联网＋"的模式，在淘宝、1 号店、天猫等各大网络平台，统一形象对外宣传，取得了良好的效果。合作社线上销售额每年都保持 5% 左右增长。通过互联网销售，合作社的服务范围扩大到全国大部分省份，客户群体不断扩大，并取得了良好的销售、宣传效果，从而实现红香芋销售线上、线下同时发力的良好局面。

3. **媒体宣传** 2018 年 11 月 22 日，常州市昌玉红香芋专业合作社与常州手机台"吃在常州"栏目组联合进行了"风味常州，香芋结相思"的直播。直播当天播放量就已经突破了 18 万，累计观看人数超过 25 万人次，对产品及品牌的展示宣传起到了良好的效果。合作社积极参与 2019 年 6 月 6 日的建昌首届徒步运动会，现场的展示与宣传取得了很好的效果。此外还拍摄了综合性宣传片，挖掘建昌圩区内红香芋的故事，通过短片让大家全面了解董永与七仙女的传说、小红妈等故事与建昌红香芋的关联，以及建昌人文文化和多方面的历史故事题材。做到产品有故事、故事中有产品的双重宣传效果。

4. **助农于行** 2015 年 7 月，陆续有多名农户打电话到合作社反映红香芋出现了"怪病"，好好生长的芋头，叶子上出现了大面积黑斑，而且溃烂穿孔，蔓延速度较快，最快的三四天；有的农户反映芋头出现倒覆，这是有史以来从来没有出现的问题。农户们忧心忡忡，常州市昌玉红香芋专业合作社理事长蔡冬生实地了解情况后，从田间拔了几棵芋苗马不停蹄地送到南京野生植物综合利用研究院、江苏省农业科学院，向专家老师请教，专家讲这是芋头规模化种植以后都会出现的传染性病毒病——芋疫病。蔡冬生在南京及时配好相应的植保药品，以最快的速度分发到农户手中，以保证对症下药，又联系建昌及周边的农药店及时进货，以满足周边农户的使用需求。在三轮汽车上安装了扩音器，连续一星期每天早晨、中午、晚上三个时间段在各个村庄之间循环播放，并且在每个村贴出疫病防治的海报，从多个方面做好宣传工作以期挽回芋农的损失。有次清晨蔡冬生转到吕圩村的一座桥上时，一位满头白发的老农民向他竖起了大拇指。虽然没有言语的交流，但那一刻，蔡冬生觉得那是对合作社最好的嘉奖。

5. 确保丰收，重在防御 随着规模化种植，红香芋病害随之产生，为了更好地服务广大芋农，常州市昌玉红香芋专业合作社邀请长期工作在科研、生产一线的科技人员精心编写了《建昌红香芋安全优质高效种植新技术》一书。该书着重介绍了健倡牌红香芋生长发育有关的基础知识，以及健倡牌红香芋轻简高效栽培、病虫害防治、采后处理及加工等新技术、新方法。此书对农户解决实际生产过程中遇到的问题发挥了积极的作用。

6. 扶学助困 品牌来自口碑，来源于社会，社会在肯定建昌红香芋的同时，建昌红香芋也在回报社会。常州市昌玉红香芋专业合作社资助困难家庭、慰问敬老院，如为直溪镇敬老院安装太阳能热水集热系统，每年资助 5～6 名贫困学生每人 2 000 元等。常州市昌玉红香芋专业合作社 211 户芋农中有 43 户是婚嫁过来的少数民族，与当地农户相比她们大多文化水平不高且缺乏技术和资金，为此常州市昌玉红香芋专业合作社专门出台"三优先一提高"的特殊扶持办法，即优先进行技术指导培训、优先进行资金贷款担保、优先进行订单收购、适当提高收购价格，并对其中个别特困农户实施精准扶贫。因此，常州市昌玉红香芋专业合作社被常州市政府评为"民族团结进步模范集体"，被江苏省扶贫协会评为"扶贫示范项目先进单位"。在助学助困的公益活动中，建昌红香芋的品牌影响力将会不断扩大，农户的收入也将不断提升，经济效益与社会效益将会同步增长。

三、科技创新

1. 校企合作 常州市昌玉红香芋专业合作社自成立之初便与南京农业大学、中国农业科学院土壤研究所、南京野生植物综合利用研究院等科研院所合作，开展了红香芋脱毒组培苗提纯复壮、克服红香芋连作障碍研究、地温育苗、地膜覆盖提早栽培提早上市试验研究、红香芋脱皮速冻技术、母芋深加工的开发等，使红香芋的传统栽培技术得到改进。2019 年，常州市昌玉红香芋专业合作社与江苏省农业科学院合作成立红香芋脱毒育苗组培室，争取每三年对红香芋种苗进行一次脱毒育苗。常州市昌玉红香芋专业合作社还建立建昌红香芋自主速检体系，把好建昌红香芋产品质量关，让消费者"买得放心，吃得安心"。

校企合作成果

2. **质量追溯** 常州市昌玉红香芋专业合作社坚持依靠科技创新，为了确保红香芋的质量，建立了红香芋产品准出体系，严格执行绿色农产品生产技术规范，加强投入品管理，确保所生产的农产品质量安全。并自2011年起就建立了比较完善的红香芋质量可追溯体系，通过扫描追溯码，就能准确了解红香芋的种植过程、施肥和用药情况、加工日期以及检验信息等各项数据，为广大消费者提供了可靠的保障。

农产品质量可追溯体系

3. **产品深加工** 为了进一步挖掘建昌红香芋的经济效益潜力，把废弃的母芋变废为宝。2013年，常州市昌玉红香芋专业合作社已与南京农业大学食品学院、江南大学合作，开发以母芋为原料的芋粉系列方便食品，生产了红香芋芋粉系列方便冲饮食品。2019年，常州市昌玉红香芋专业合作社与制面厂合作研发了以母芋粉为原料的香芋风味面，既满足了建昌红香芋的产品多样化，也实现了农民增收、社会增效。

红香芋系列产品

4. 机械化种植　人口老龄化程度加深严重制约了红香芋产业的发展，常州市昌玉红香芋专业合作社自 2014 年起着力于红香芋全程机械化种植的研究与试验。本着"走出去，请进来"的原则，走访各地的行业协会并保持密切沟通，与南京农业机械化研究所、江苏省农业科学院、机械制造商多次沟通、交流、调试。到 2018 年，红香芋种植机械化率达到 70%，并力争在 3 年内实现 80% 以上。据测算，红香芋种植采用机械化作业每亩可减少用工 20～25 个，节约工本 50% 以上，主要作业环节种植、垄土上工效提高 20 倍左右，机械化的普及将会有效促进红香芋产业增收，确保红香芋产业的健康发展。

四、品牌维护

随着建昌红香芋品牌影响力越来越大，品牌的价值也得到了体现，以凌家塘批发市场为例，常州市昌玉红香芋专业合作社芋头的批发价与销售价都是其他地区芋头的 3～4 倍。由于利润反差较大，许多不法商贩用品质不佳或其他地区的芋头冒充建昌红香芋高价销售。对此常州市昌玉红香芋专业合作社及时向市场监督管理局反映，市场监督管理局及时和所在地的市场监督管理部门沟通，利用法律手段打假维权，及时制止了上海某农业科技发展有限公司网上侵权销售的违法行为，查处了常州某商贸公司一起假冒建昌红香芋地理标志商标侵权行为。另外常州市昌玉红香芋专业合作社每年还邀请市场监督管理局对"建昌红香芋"商标使用单位举办建昌红香芋地理标志商标使用规范的培训，提高品牌商标意识，规范商标使用行为，共同抵御市场上的假冒产品。加强对建昌红香芋 8 家使用单位的培训，让他们认识到母品牌与子品牌荣辱与共的关系，在维护好建昌红香芋母品牌的同时做好自身品牌建设，真正在品牌上做到"母子平安"。

常州市昌玉红香芋专业合作社每年定期对社员及周边农户培训 5～6 次，年培训 1 300 人次左右。通过邀请科研院校的专家和市场监督管理局针对农户生产经营过程中出现的问题以及质量与品牌之间的关联作用进行细致的讲解和指导，让农户与合作社的思想意识保持高度一致。

五、主要成效

1. 经济效益　目前常州市昌玉红香芋专业合作社拥有社员 211 户，订单种植面积由原来的 300 亩到现在的 5 000 多亩，带动周边种植面积共计 1 万余亩，收购价由原来的 0.4 元/千克到现在的 2 元/千克，亩效益也由当初的每亩不足 3 000 元到现在的 1 万元左右。在产品深加工中，以母芋为例售价 0.25 元/千克，每亩母芋产量 1 000 千克，仅此一项即可为农户增加 250 元的收入。延长红香芋产业链的同时解决了红香芋母芋的废弃问题，也实现了资源的循环综合利用增值，为农民增收、社会增效创造了积极的条件。据建昌红香芋协会统计分析，2016—2018 年 3 年的销售产量分别达 5 949 吨、6 580 吨和 7 316 吨，销售产值分别为 9 504 万元、10 531 万元和 11 706 万元。据测算，近年来建昌红香芋亩均收入可达 1 万元以上，对外销售从最初的每千克 0.6 元提高到现在的每千克 5 元左右，芋农通过种植红香芋实现增收致富，户均增收达 2 万元以上。通过品牌的运作，建昌红香芋与常州凌家塘批发市场的其他地区芋头相比，无论是批发价还是零售价均高出 3～4 倍，由此可见其品牌效益的优势。

2. 社会效益　农民依靠常州市昌玉红香芋专业合作社的品牌影响不愁红香芋销路，种芋的收入是传统种植的水稻、小麦的 10 倍，产值效益高、农民收入稳定并逐年提高，促进农村闲散劳力充分就业，使其享有获得感，对促进社会稳定起到了积极的作用。

结合建昌当地优美的生态环境，常州市昌玉红香芋专业合作社积极与周边旅行社加强沟通联系，开展了形式多样的采收活动，在发展红香芋休闲旅游上进行探索，也在建昌红香芋产业园内开展参观、挖芋、购芋的一体化发展模式。既带动了当地旅游业的发展，也为宣传建昌红香芋品牌起到了四两拨千斤的作用！

3. 生态效益　品质是品牌的基础，实施红香芋生态种植，不仅有利于产业的健康发展，还有利于品牌建设的推广。整个生产过程不产生任何污染物，还可减少水土流失，大面积种植红香芋增加了绿色种植面积，对净化空气，减少大气中粉尘及 PM 2.5 等都极为有利。

2017 年，建昌红香芋获得了生态原产地保护产品认证。

六、启示

一个好的品牌是一个企业发展的助推器，但品牌的建设靠一点一滴的积累，由商标、图形、食品安全、产品品质、客户的认可度以及商标持有人的艰辛付出等集于一身，但农产品品牌又是脆弱的，稍有不慎便前功尽弃。因此，只有在确保以上的前提下，依靠科技延长红香芋的产业链，把建昌红香芋的品牌影响力不断做大，使农户的收入不断提升，实现经济效益与社会效益的同步增长，才能做好农产品的品牌建设。总之，品牌的宣传策划是系统性的，虽然个体策划宣传品牌有一定的局限性，但品牌建设与宣传应无处不在，如何发现宣传品牌的支点，及时撬动杠杆，最大化地宣传产品及品牌，有待于用心发现和挖掘。正如网上产品的投递，其理念就是"一份快递就是一张明信片"，品牌的建设与维护是一个长期的工作，只有起点没有终点。加强品牌建设是品牌兴农的基础，常州市昌玉红香芋专业合作社在今后的工作中将始终坚持以客户满意为宗旨，视品牌为基石，维护好品牌的价值，为品牌兴农作出积极的贡献。

中国牡丹画第一村

导语：中国牡丹画第一村园区始建于 2009 年，是一个集旅游观光、休闲娱乐、教育培训和产品交易于一体的综合性 AAA 级景区。占地面积 90 亩，建有 25 亩的写生基地，建设画家创作楼 158 座 22 000 余平方米，主题艺术馆 4 600 余平方米，内设牡丹画精品馆、黄河奇石馆、石刻艺术馆、游客体验区，并有唐三彩、黄河石画、麻布画等文化艺术品交易平台。开办洛阳平乐牡丹画职业技术培训学校，设置与牡丹画相关的纸张、画笔、装裱、包装等衍生产业，建设产品推介与营销中心。有力地带动了装裱、包装、物流等产业发展，日常活动中常组织开展各类画展、交流笔会、体验活动等与广大牡丹画艺术爱好者分享、交流，极大地丰富了镇域内群众的精神文化生活，并开展牡丹画绘画技巧课，教授有兴趣学习牡丹画的群众更好地掌握绘画手法、技巧，将平乐牡丹画真正发扬光大。

中国牡丹画第一村

一、主体简介

园区以农民牡丹画为主导产业,以经营销售牡丹画及艺术品为延伸产业,以入驻画师为基础,实行线上线下同步交易,该模式促进了牡丹旅游文化产品销售、文化展览交流,带动了字画装裱、艺术品交流、旅游购物、餐饮住宿等相关产业同步发展。现园区淘宝网店有 141 家。以平乐牡丹画创意产业园区为依托,积极为有创业意向的返乡农民工提供创业政策咨询、创业技能培训、创业指导、后勤保障等综合服务,提高创业人员素质,使广大创业者不仅要想创业、敢创业,还要能创业、会创业,激发创业热情,积极参与全民创业。重点吸纳平乐镇及周边乡镇大学生、返乡农民工、失业人员等,至今基地现有画家 1 000 余人,其中省级会员 15 人、市级会员 50 余人、一级画师 39 人、二级画师 24 人、三级画师 23 人,每年可创作牡丹画 50 万幅,绘画、装裱、销售等相关从业人员达 1 600 余人,使当地农村富余劳动力 2 000 余人转移到第三产业,牡丹画职业技术培训学校培养学生 2 800 人次,有力地促进了当地经济快速发展。

近年来,随着牡丹文化宣传力度的加大,平乐牡丹画文化品牌效应已显现。先后接待了多位中央、省、市主要领导。年接待中外旅游团体、散客 60 万人次。被授予河南省文化产业示范园区、河南省特色文化基地、中国牡丹画第一村、中国乡村游创客示范基地、农民工返乡创业示范园区、国家 AAA 级景区等荣誉。

二、模式简介

将平乐牡丹画产业发展更深层次地与乡村振兴相结合,组织、文化、生态振兴、多轮驱动。统筹多种资源,用好文化交流、文化传播、文化贸易三种方式,进一步加强对平乐牡丹画的推广宣传,对举办的各项活动给予重视,安排书画名家对园区画师进行指导,提高创作水平。凝聚政府、企业、社会组织和园区多方力量,深化与各地文化、旅游合作开发,着力构建全方位、多层次、宽领域的文化格局,以画扬名,借名致富。

1. 模式概括 2016 年 10 月,按照"公司+画家+营销"模式以牡丹画创作、学习交流、销售为目的,成功创建中国首家牡丹画淘宝村,并在园区挂牌,通过平乐牡丹画的文化底蕴和"公司+服务商"的运营模式,在村民致富、产业转型、区域品牌建设等方面都作出了重要成就,成了县域电商的标杆。

经过不断调研考察,并结合当地的实际情况,开创了"1+3+2"模式,即 1 个月全面培训,3 个月深度孵化,2 个月孵化同时申报、资源整合。成功打造了洛阳首家淘宝村——平乐牡丹画淘宝村，并被阿里研究院院长高红冰评为"特色淘宝村"。

目前的平乐牡丹画淘宝村正在稳步发展中，共开设了 141 家店铺，沉淀出 64 家优质店铺，交易额已经突破了 5 000 万元，帮助画师在创业致富的道路上增加了一项有效的推动力。同时，与牡丹画相关的行业，如物流、装裱、颜料行业等，也为平乐村民提供了大量就业岗位，平乐村民的整体生活水平得到提高，生活质量也得到了极大改善。

平乐牡丹画淘宝村新增了电子商务、创意平乐、生态旅游 3 张名片，共同助力平乐牡丹画的发展。村民通过电商创业增加了收入，平乐牡丹画的品牌价值也随之提高，文化创意产业更使牡丹画的附加值得到了提升。

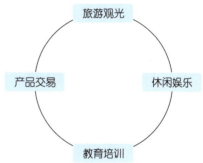

2. **发展策略** 平乐牡丹画淘宝村是集旅游观光、休闲娱乐、教育培训和产品交易于一体的农民牡丹画产业基地，牡丹画创作、培训、交流、展示的平台阵地，大批优秀画师在这里集合，相互学习，共同提高。在发展的过程中画师收入逐步提高，并得到社会各界的尊重。园区组织各类课堂、文艺活动，丰富了大家的业余生活和团队凝聚力，并促进工作能力与自身修养同步提升。通过举办画展、交流活动、参加展会、媒体采访报道、自主宣传的一系列活动把画师、平乐牡丹画宣传出去，使更多的人了解平乐牡丹画、认识平乐牡丹画、喜爱平乐牡丹画。

3. **主要做法**

(1) 公司＋基地＋画家的运营模式。采取市场化运作的方法经营管理景区，对商品进行包装、注册商标并组织培训，与旅行社结合开展研学游，增加人气、扩大宣传、扩大影响。2013 年通过旅游 AAA 级景区评审验收。

(2) 重视传统文化的保护、发扬与传承。深挖文化内涵，重点突出生态旅游、文化旅游、绿色旅游。日常开展公益培训、交流笔会、画展等活动，带领画师参加各地展会，使牡丹画文化走出去，让更多的人了解，并学习他人的先进经验。同时举办培训班，组织学生研学体验，让更多对传统文化感兴趣的人参与进来。注重环境保护，倡导绿色安全出行。

(3) 加强基础建设。景区于 2019 年 4 月完成升级改造。升级改造后的主题艺术馆命名为"中华楼"，整体为"华"字形，左右平衡。古时

"葟"又通"花"，切合中国牡丹画第一村之名，中华楼寓意国家繁荣昌盛，文化如同百花一样盛开。"中葟楼"完全采用汉代时期建筑风格，古拙粗犷、结构简单、风格大气、尊重自然、顺应自然、天人合一。

（4）强调项目带动作用，注重宣传营销。扎实推进重点节事活动。成功举办第九届全国农民画邀请展暨产业发展研讨会、农民丰收节、庆祝建党九十八周年等活动。

（5）组织学习营销技巧并开展电子商务培训，聘请专人指导开设网络店铺。利用微信公众号、微博、腾讯视频等多种平台，推动市场宣传营销，实现线上线下并举的转变。

（6）开发文创产品。引进优秀民间传统文化、非遗传承项目、地方特色产品，并转化为优质精美的旅游产品。

（7）实施品牌带动，搭建融合平台。充分考虑旅游产业发展需要，在资源配置、景区发展规划上，充分服务文化旅游产业。要做好线上推荐、线下服务，充分运用"互联网＋旅游"的模式。

（8）品牌注册。注册"牡丹画第一村"商标，使平乐牡丹画形成自己的品牌，并配备与牡丹画相关联的纸张、画笔、装裱、包装等衍生品，形成产业化发展模式。同时建立一支运营管理团队为画师提供咨询、培训、交流、物业等服务。

（9）与省内外各大旅行社合作。整合双方资源、降低运营成本、实现互利共赢。以"双赢"为理念提升这一渠道合作的价值。结合游客地域、年龄等特点制订不同的旅行方案。

（10）校企合作。与院校、艺术机构合作，倡导研学旅行，继承和发展我国"读万卷书，行万里路"的教育理念和人文精神，为素质教育提供新内容和新方式。让学生在人生的重要成长阶段，除了学习课本知识，还要广泛接触社会，触发兴趣，发现自身的特长。研学旅行，能够激发学生兴趣，挖掘学生的潜力，是一种能让学生体验、感受并可实践的学习方式，对学生的成长具有重要意义。我们倡导孩子要玩有价值，学有乐趣，寓教于乐，寓学于乐。

4. 平乐牡丹画淘宝村介绍　平乐牡丹画淘宝村主要包含五大功能板块：培训中心、运营中心、孵化中心、电商协会及众创空间。在淘宝村的基础上通过电子商务、创意平乐、生态旅游三张名片来运营牡丹画产业和助力孟津县域电商发展，电子商务板块全渠道发展，一个店到两个店、从淘宝到京东到跨境拓宽市场和品牌影响力，然后从个人到公司化运营标准化、正规化发展。对接引入猪八戒文创中心和流量引入进行文创升级，同时结合孟津的旅游资源导流形成线上线下一体化。众创空间主要是休闲交流，更多是让农村创业者能感受到互联网创业氛围。

平乐牡丹画淘宝村主要包含五大功能板块：培训中心、运营中心、孵化中心、电商协会及众创空间。

新老店铺整体运营提升

老学员店铺的诊断，解决问题提升，协助学员作图、装修、活动配合及店铺升级。平乐淘宝村淘宝店铺达 140 余家，通过不断开展工作，运营团队对学员店铺整体运营，新品破零、老店整体优化，带动整体销量提升。线上销售额从 1 300 万开始上升，直至突破 5 000 万元，实现了数倍的增长，四尺、六尺的牡丹画更是畅销全国 21 个省市。

新学员孵化培训，活跃学员店铺及提升销量。根据计划安排针对平乐牡丹画淘宝村学员进行 4 期电商培训，每月上下旬各安排 3 天时间集中学员进行培训。培训内容结合淘宝美工、淘宝运营以及淘宝更新的规则。重点调动学员的电商创业热情，提高开店积极性，以及解决电商运营过程中出现的各种问题，促使店铺产生自然销量。

对成熟的学员店铺进行运营方案，直通车、淘宝客等活动流量、付费流量的运营方法培训。针对已经发展起来的学员店铺，依托专业化的运营团队一对一服务，让学员更加了解当前电商环境大趋势以及不断更新的淘宝规则，与时俱进地调整各自店铺的运营思路。对包括直通车、淘宝客、钻展、热门活动等在内的必要的运营手段予以重点扶持，使每个标杆店铺在淘宝大类目排名中拥有一席之地。目前在原有领军人物的基础上，也涌现出了一批电商新生力量。

平乐牡丹画利用双十一等活动促进销售额提升，从活动前期的报名、备战到过程中的客服、订单处理、物流服务都比之前更加规范化、流程化，这也是牡丹画电商走向成熟的一种体现。下一步会在网商深度孵化、新进网商、网上扶持方面开展工作，争取助力平乐牡丹画走上更深层次的发展道路。

三、利益联结机制

从单打独斗的模式转换成抱团取暖，从最初亮相到党和国家领导人的关心关注，到转型发展、公司化运营，再到淘宝村落地、实现业态创新，平乐牡丹画产业实现了精彩的"四级跳"，让平乐这个名不见经传的豫西乡村一跃成为全国闻名的"中国牡丹画第一村"，也成为全省特色农村文化产业发展的排头兵。现今，平乐牡丹画闻名全国，作品更是行销海外，受到各界好评。

举办画展、培训、交流活动。如举办全国农民画邀请展暨发展研讨会提高平乐牡丹画知名度和推广度，发放政策宣传手册，聘请专家为小微企业进行法律、财务、政策等专业讲座，带领画师参加各地展会，组织游客进行牡丹画体验及拓片体验活动，引进电子商务公司为线上店铺提供技术支持，建设网络平台，增强宣传推广力度。

画展、培训、交流活动

目前园区已成为平乐牡丹画创作基地、河南省农民牡丹画创作基地、河南科技大学艺术与设计学院艺术采风基地、洛阳师范学院历史文化学院实习基地、郑州航空工业管理学院广告学专业实习基地、河南省特色文化基地。

园区先后被评为河南省文化产业示范园区、洛阳市文化产业示范园区、二期项目入选河南省重点文化产业项目、2011河南省文化创意产业最佳园区、2012年度旅游工作先进单位、2013年河南省文化企业50强、2014年洛阳文化企业领军企业、2014年孟津县非公有制企业团建工作先进单位、2015—2017 农业产业化市重点龙头企业、中国牡丹画第一村、中国十大书画村、先进媒体、中国乡村旅游模范村，2017 年 7 月被国家旅游局认定为中国乡村游创客示范基地，2016—2018 连续 3 年被阿里研究院授予"中国淘宝村"称号，2018 年洛阳市人民政府授予洛阳市农民工返乡创业示范园区、洛阳市就业先进企业，阿里巴巴集团授牌平乐牡丹画小镇调研基地，2019 年洛阳市妇联授牌巧媳妇创业就业工程示范基地等。

四、主要成效

1. **社会效益** 利用园区已有的资源满足人们对文化艺术的求知欲和需求量，比如接受人们来画院参观与求教，欢迎绘画爱好者和画家到园区的写生基地写生、交流等。鼓励园区工作人员积极参与社会活动，加入志愿者行列，参加公益慈善活动，树立平乐牡丹画小镇的良好形象，使之成为省、市、县的文化标杆和亮点。

2. **经济效益** 实施"文化＋制造业""文化＋旅游业""文化＋互联网"等多种形式，开发产业产品的销售渠道。与各地旅游公司联合，充分利用平乐周边的旅游资源吸引游客，使中国牡丹画第一村成为文化旅游链条上闪亮的明星。与各地高校合作，建立校外实践基地，鼓励青年创业，研发牡丹系列产品。以经济建设为中心，举办不同主题的活动，搭建起展示各类产品的平台，促进交易，增加经济收入。

3. **生态效益** 园区内进行植被种植，注重生态保护，园区植被可以改善微气候，使夏季降温、冬季升温。园区植被的遮阳作用可阻挡辐射；蒸腾作用吸收大量热量，增加空气湿度；光合作用释放氧气为园区带来清爽的环境，气体交换的过程又可以吸附粉尘、净化空气。树林、地被、草坪均有吸音隔音效果。合理配合可有效衰减噪声。促进水循环以及增加动物、微生物数量，对生态系统有序运转发挥基础性作用。有力带动了周边绿化、环境卫生的改善。

第三章 农产品类品牌

湖 口 豆 豉

一、寻根溯源、挖掘历史，讲好"湖口豆豉"的前世故事

东晋末年，田园诗人陶渊明在彭泽（时辖今湖口彭泽两县，治所在今湖口县均桥镇）当县令期间，与时为五柳乡名刹莲花寺（位于今湖口县域）的著名高僧慧远经常谈经论道，慧远与陶渊明均好食豆豉，并总结出一套豆豉制作方法，还从典籍中找到制食黑豆豉的记载，将俗称的"豆嗜"正名为"豆豉"。湖口气候温和，土壤肥沃，盛产黑豆，此后家家制作豆豉，自产自食，渐成地方食俗。豆豉的古法制作工艺极为讲究，主要为原料→清选→浸泡→蒸煮→制曲→调料（秘方）→发酵→干燥→包装等一系列程序。

古法酿造工艺流程

原料 ➡ 清选 ➡ 浸泡 ➡ 蒸煮 ➡ 制曲 ➡ 调料（秘方）➡ 发酵 ➡ 干燥 ➡ 包装

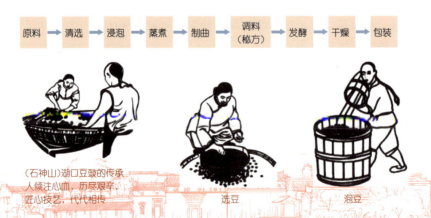

（石神山）湖口豆豉的传承人倾注心血，历尽艰辛，匠心技艺，代代相传

选豆

泡豆

蒸料

制曲

发酵

坚持一／一品食材——选料十分考究，主材调料皆为纯天然、绿色产品，并经多道精选

坚持二／传承工艺——必须按古法酿造，精工制作，绝不从大豆中预萃(溶)取任何营养成分，确保原汁原味

坚持三／绝佳风味——风味独特，口感鲜美，以历经百年改正提升的技艺且不添加人工色素和香精等化学添加剂

豆豉古法酿造工艺流程

自宋代始，海上贸易兴起，至元代，我国沿海和长江流域不少城市与亚非欧的国家有贸易往来，元代汪大渊所著《岛夷志略》一书有详细记载。湖口县地处鄱阳湖与长江汇合处，是"江西水上北大门"，襟江傍湖，水运发达。素有"江湖锁钥、三省通衢"之美称，水上交通自古繁盛，正当景德镇瓷都名扬海内外时，湖口县大量工匠去景德镇做工，富含石钟山味道的湖口豆豉是他们必带的佳品，或自食或作为礼品馈赠。于是"豉借瓷势"，石钟山下的湖口豆豉与中国瓷器一起传至世界各地，名扬海内外。

1931年，瑞州（今高安市）人卢茂生在湖口县流泗桥开了家皮匠店。因兵连祸结，盗匪横行，流泗桥外地商户屡遭抢劫，被逼无奈，卢茂生将皮匠店盘给了当地人，前往湖口县城另谋生计。1936年，卢茂生在石钟山下繁华地段买了两间店面，改造成豆豉作坊，取名为"卢茂生号"。作坊开业后，卢家人攻学豆豉制作技艺，精工巧作，其豆豉产销渐旺。后又把上品命名为"五香卫生豆豉"，用马粪纸卷成筒，以外贴印"石钟山"标记和"卢茂生号精制"字样的红蜡光纸做包装。从此，精制"石钟山"豆豉在港口码头及各商号供不应求，"石钟山"品牌初具雏形。抗战全面爆发后，1938年6月，日军炸毁了卢茂生号豆豉作坊。卢茂生只得携家眷逃离湖口。日本投降后，郁郁寡欢的卢茂生带着无限遗憾告别了人世，一代宗师的生命就此戛然而止。抗战胜利后，卢茂生的弟弟卢泰生带着哥哥的期望回到久别的湖口，招募了以晏大巴为首的十几个工人，把豆豉作坊重开起来，他不仅继承了哥哥卢茂生的事业，也继承了哥哥的人脉和品行，生意很快兴旺起来。成为"石钟山"豆豉制作的第二代传人，并以自己的名字作为字号，即"卢泰生号"。此后，卢泰生又将核心技术传授给了徒弟晏大巴，晏大巴成为第三代传承人。卢泰生另一位徒弟叫王永元，由于勤奋好学和悟性极高，成了继晏大巴之后当之无愧的豆豉制作第一师，是名副其实的第四代传承人。1954年公私合营后，湖口县原有的卢泰生号、卢正兴号、卢永生号一起并入了湖口县食品厂豆豉车间，以王永元为首的技师将豆豉制作工艺传授给生产一线工人，石钟山豆豉也成为供不应求的九江地区名优特产品。《江西日报》《人民日报》多次刊发或转载介绍"石钟山"牌豆豉。历尽艰辛、砥砺奋进，重振"湖口豆豉"品牌。

20世纪90年代，周江林出任湖口县啤酒厂厂长。啤酒厂豆制品车间生产的湖口豆豉得到了他的关注与重视，这使湖口豆豉质量及销量都有明显提升。1986年，《人民日报》主编慕名来厂采访，发表了《中华一绝——湖口豆豉》的专题赞誉文章，使湖口豆豉名声大振，很快打开了销路。在啤酒市场竞争激烈的商战中，周江林认定湖口豆豉这一地方产品比啤酒更具发展潜能。2002年啤酒厂改制，原啤酒厂附属的豆制品分厂"国退民营"，成为现今的九江石钟山豆制品有限公司。时年已逾六旬的周江林抓住机遇，出任该公司总经理，自然也成了"石钟山"品牌的第五代传承人。公司历经多年的艰苦创业、砥砺奋进，现有生产加工区6.6亩，其中厂房3 600平方米，原料（有机黑豆）种植基地2 000余亩。还有即将扩改新建占地20亩的特色文化产业园和占地40亩的大豆综合加工区及2019年扩增原料种植基地1万亩。公司现为江西省九江市（级）农业产业化龙头企业和当地最大豆制品专业生产企业。公司现有员工33名，其中高级职称人员1名，中级职称人员2名，专业技术人员12名，另有正在培训的后备技术、管理人员30余人。公司注册资金550万元，2018年公司资产总额750万元，固定资产450万元，流动资产300万元，负债30余万元，年产值（销售收入）968万元，年利润66万余元。

湖口豆豉一步一个脚印，走上了创金牌老字号的嬗变之路。首先是传承始祖企业文化，创立全新的企业精神：百年老牌，奋力推进，追求卓越，讲究诚信。其次是弘扬前辈治厂格言，树立全新的管理理念：爱企业如家，视质量如命，抓管理如铁，惜时间如金；真诚做人，用心做事。再是通过产品展评、媒体宣传、户外广告、网络介绍、新闻发布、现场考察等诸多方式，千方百计扩大湖口豆豉的知名度，使湖口豆豉这一地方特产很快进入品牌角色，市场地位也得到了迅速提升。

2002年，湖口豆豉正式注册了"石钟山"牌商标。

2004年，"石钟山"牌豆豉被列为九江申报"中国魅力城市"名特产第一品牌。

2005年、2006年，"石钟山"牌豆豉先后荣获"中国名优产品"和

"中国驰名品牌"称号。

2007—2009年，"石钟山"牌豆豉先后被审评为"九江市知名商标"和江西旅游名优特产"浔阳八珍""九江一绝"。

2010年，"石钟山"牌注册商标被商务部认定为"中华老字号"，同年又被江西省人民政府列入非物质文化遗产保护名录，并入选为上海世界博览会参展的江西名产，且获第六届江西名优农产品（上海）展示展销会"最畅销产品金奖"；按照"公司＋农户＋合作社"的产业化发展模式，创建原料（黑豆）种植基地，被认定为九江市农业产业化龙头企业。

所获荣誉

2011 年，获九江地方农产品"十佳产品"。

2012 年，被中国绿色食品博览会评为"最佳参展企业"。

2013 年，被中国中华老字号精品博览会授予"最受消费者喜爱产品奖"；"石钟山"牌湖口豆豉被江西省工商局、江西省著名商标认定委员会评为"江西省著名商标"。

2014 年，荣获"全省著名商标九江市前十强"；公司办理了对外贸易登记，领取了"中华人民共和国海关进出口货物发货人报关注册登记书"，获得了自主出口权。

2018 年，在第十四届上海农展会上，公司应邀参展。3 天时间里，"石钟山"牌豆豉系列产品被抢购一空，并在此次展销会收获"金奖"。

2018 年，被国家知识产权局审定为地理标志保护产品。

近年来，"石钟山"牌豆豉在全国 16 个省份设有总代理，年销售量按几何级数增长，还常年处于供不应求的局面。在国际市场上也有突破，除广州、深圳、天津、青岛等的外贸公司把产品销往欧美及东南亚各国和地区外，官网上也不断接到海外订单。不久前，仅印度就曾一次订货一个集装箱，只是苦于产能有限，无力应求。

二、弘扬文化、提升品牌，擦亮"湖口豆豉"老字号

湖口豆豉是清末双钟镇卢氏作坊"卢茂生号"的产品，其秉承了"诚信咸亨，仁爱利贞"的商号信条，一代一代传承。1949 年后，该产品已在湖口成了名副其实的"老字号"。中国经济在驶入改革开放快车道以后，商界的"名优特"产品大行其道，正是基于这样的机缘，周江林决定要把湖口豆豉镀上"老字号"的金，将其作为湖口本土品牌做大做强。

为了提高自己对"中华老字号"品牌的运作能力，使自己具有"老字号"掌门人所具有的心理素质和人格特质，周江林不断提升自己的品牌意识、创新思维和全局胸襟，参加了商务部在中共浙江省委党校举办的"中华老字号掌门人研修班"，通过学习为自己加油充电。在研修班里，周江林认真听取了中国科学院、中国工程院及名校名师的授课。通过集中讲授、自主研讨、个案推演、实地考察等方式，极大地加深了他对"中华老字号"传承文化的理解，增强了他对"中华老字号"做大做强的决心。他说："活到老，学到老，革命青春永常葆，与时俱进莫停步，人脑活力胜电脑。"

在创品牌的过程中，周江林不但有顽强的拼搏精神、严格的科学态度，还有浓厚的品牌文化意识。他牢牢抓住湖口豆豉这个"老字号"品牌，不但从技术层面提升品牌的高度，还从文化层面深化品牌的魅力。湖

口豆豉被《人民日报》誉为"中华一绝"，被商务部冠以"中华老字号"的桂冠。

　　"老字号"定义明确指出："中华老字号"是指历史悠久，拥有世代传承的产品技艺或服务，具有鲜明的中华民族传统文化背景和深厚的文化底蕴，取得社会广泛认同，形成良好信誉的品牌。九江石钟山豆制品有限公司作为持有中华老字号"石钟山"品牌的企业，珍重品牌的核心价值，把诚信经营视为使命与天职。公司领导及管理人员，每年都积极参加商务部和省商务厅组织的老字号培训、参观学习，认真学习老字号典范企业的诚信经营先进经验。公司负责人周江林先生 2017 年获得商务部评选为全省唯一的"华夏工匠奖"。在其影响下，如今公司员工自上而下都能把"诚实守信"作为老字号企业员工必须牢记之初心，遵循之使命，对内对外为人处事都体现出"老字号"员工的特质。公司把原材料进购定为"把握产品质量第一关"。大力宣贯"民以食为天、食以安为先"和"宁可亏损、也要保证质量"的理念，从原料进厂到产品出厂，其间的 16 道工艺（序）都按照"高标准、严要求"层层把关，全程监控，坚持以工匠精神精工细作一丝不苟，确保不达标的半成品不流转，不合格的产品不出厂，售后服

> **弘扬文化、提升品牌，擦亮"湖口豆豉"老字号**
>
> ### "大兴企业文化，大创品牌形象"
>
> ✦ 公司领导及管理人员，每年都积极参加商务部和省商务厅组织的老字号培训、参观学习
>
> ✦ 十分注重对社会责任与义务的诚信与担当。不仅做到照章纳税、不漏不欠，而且还经常去农村贫困户和当地养老院等地扶贫慰问，每年防汛期间都参与对防汛前线部队官兵和干部群众的慰问活动
>
> ✦ 把原材料进购定为"把握产品质量第一关"。大力宣贯"民以食为天、食以安为先"和"宁可亏损、也要保证质量"的理念
>
> ✦ 为对公司原料种植基地美丽豆乡流芳乡的农村贫困户精准扶贫，建立"幸福豆田"，特意以高于市场价10%~20%收购他们的大豆数万千克

务主动跟踪，及时处理。公司作为中华民族优秀历史文化品牌企业，也十分注重对社会责任与义务的诚信与担当。创业20年来不仅做到照章纳税、不漏不欠，而且还经常去农村贫困户和当地养老院等地扶贫慰问，每年防汛期间都参与对防汛前线部队官兵和干部群众的慰问活动。近几年，为对公司原料种植基地美丽豆乡流芳乡的农村贫困户精准扶贫，建立"幸福豆田"，特意以高于市场价10％～20％收购他们的大豆，这些义举虽然增加了公司的营运成本，影响企业的经济效益，但凸显出老字号企业的社会关怀与品牌形象。

三、追求卓越、创新思维，让"湖口豆豉"民族品牌走向世界

面对现代商业的激烈竞争，老字号湖口豆豉不"倚老卖老"，而是适应市场需求，主动求变创新，紧紧抓住现代人对自然、生态、高质量的美好生活的需要，不断弘扬老字号文化、讲好老字号故事、擦亮老字号品牌。近年来，公司着力在"挖掘、传承、保护、整合"上下功夫，不断创新，开发出10多个豆豉系列产品。产品品种已由过去单一的咸干豆豉增加到咸、淡、五香、香辣、麻辣、八宝等多种，并分袋、盒、瓶、罐、听5种包装30多个品种。还开发出了保健养生豆豉系列。"石钟山"牌湖口豆豉，连续获得中华老字号、国家地理标志保护产品、江西省非物质文化遗产、江西省著名商标、首届"中国农民丰收节"产品金奖、第二届中华老字号博览会最受欢迎奖、中国特色旅游商品大赛等数十项大奖。

公司在长期的经营活动中，体现出一个中华老字号品牌企业和省级"非遗"传承文化产业的民族优秀文化底蕴与特质，已赢得社会上的广泛好评，也得到各级政府部门的充分认可与赞誉。中华老字号"石钟山"牌湖口豆豉，时至今日，依旧脍炙人口、光芒耀眼，但随着人们生活方式不断改变，科学技术不断进步，"石钟山"牌湖口豆豉面临新形势的严峻挑战，老字号如何永葆青春，这是一个时代命题，九江石钟山豆制品有限公司将在以习近平新时代中国特色社会主义思想的指引和高质量跨越式发展的一系列新要求下，不忘初心、牢记使命，不等不靠，与时俱进，革故鼎新，砥砺奋进，以二产带动一产，连接三产，围绕"一粒豆子、一个产业、致富一方百姓"，实现乡村振兴，力争做大做强湖口"中华老字号"品牌，逐步把湖口建成"中国豆豉文化之乡"，让"湖口豆豉"这个民族品牌走向世界。

瑞 昌 鸭 蛋

一、鸭蛋外观如"0"，象征着事物的起点

瑞昌市溢香农产品有限公司（以下简称"溢香公司"）最初创业，正是从一枚枚外观如"0"鸭蛋开始。十几年前，由何雪平带领当地十几名农村妇女租用一栋约 200 平方米的旧厂房进行初期创业，主要从事鸭蛋收购、加工和销售，主导产品为咸鸭蛋、皮蛋。企业创建伊始，溢香公司就确立了"创一流品质从每一个蛋做起，赢万家赞誉靠全体员工努力"以及"以人为本、质量取胜"的发展理念。随着产品市场占有率不断扩大，溢香公司也得到了长足发展。如今，溢香公司拥有员工近 300 人、厂房 36 000 平方米、总资产 7 000 多万元，2018 年实现销售收入过亿元，先后被授予江西省农业产业化优秀龙头企业、全国绿色食品示范企业、国家高新技术企业等荣誉，溢香公司发展成为江西省规模最大的蛋制品加工企业，在国内蛋制品行业中闯出了一番崭新的天地，撑起了一片绿色产业。

二、溢香公司发展纪实

在溢香公司发展过程中，始终坚持"公司＋合作社＋基地"并带动养殖户发展的经营模式，合作社养殖户的鲜蛋产品由溢香公司按"优质优价"统一收购，这样既形成了集养殖、加工和产品销售一条龙的生产模式，也实现了产品从源头到加工、销售的全程质量可控，从而推动了企业健康快速发展。而蕴藏在发展历程之中的，是溢香公司的质量品质意识、技术创新之路和产品品牌战略。

2018 年第十九届中国绿色食品博览会上，溢香公司应邀参展。3 天时间里，"溢流香"牌咸鸭蛋和皮蛋产品被抢售一空，并在此次展销会收获"金奖"，而这仅仅只是溢香公司每年参展的"镜头"之一，也是溢香公司诞生以来成长的缩影。

瑞昌市为长江入赣第一市，地处鄱阳湖生态经济区核心地带。全市水面约 13 万亩，森林覆盖率达到 62％，境内山场和水草资源十分丰富，具有一流的生态环境，为禽类养殖提供了得天独厚的生态条件，同时也为蛋品加工提供了优质鲜蛋原料。如何将自然生态优势转化为产品生产优势、产品质量优势和产品品牌优势，是"溢香人"不断追求的奋斗目标。作为蛋制品加工企业，溢香公司深知养殖是质量源头、加工是质量关键、市场

是质量考场，为此建立健全了各项管理制度。为了建立起产品质量管理体系，溢香公司积极开展产品质量追溯创建工作，从 2015 年开始，建立了产品质量追溯体系，成为当地首家开展农产品质量追溯建设的食品加工企业。

始终坚持"质量第一、用户至上"的经营宗旨，坚持"技术创新、品牌创优"的发展举措，坚持"制度保障、人才支撑"的企业发展战略，是企业发展的重要内在因素。熟咸鸭蛋具有"松、油、沙、香"特点。松花皮蛋蛋白晶莹剔透，松花图案清晰，蛋白与蛋黄层次分明，蛋黄凝而不固，聚而不流，味美芳香，清香可口，深受消费者喜爱，"溢流香"牌蛋产品远销全国 25 个省市及本省各地，其中皮蛋产品经上海、义乌经销商出口日本、韩国、东南亚、非洲等地。

注重产品质量是溢香公司主要抓手之一。溢香人深深知道，要想在全国蛋制品行业占有一席之地，没有过硬的产品是不行的，为此，溢香公司在建厂初期缺技术缺人才的困境下，组织骨干人员四处求学请教。不懂配方，溢香公司创始人何雪平带领技术人员反复对比试验，通过走出去、请进来，不断学习、探索实验，终于摸索和掌握了蛋品加工技术，并逐步形成了自己独特的技术优势，为企业健康发展奠定了坚实的基础。十年艰辛付出，换来了沉甸甸的收获，溢香公司的产品硬是挤进了市场，并且以年均增加 1 000 万元的销售规模扩大着市场份额。随着企业规模不断扩大，产品市场占有率不断提升，企业影响力也在不断扩大，溢香公司从一个名不见经传的小作坊式加工厂成为在全国具有一定知名度的蛋制品加工企业。在良好的发展态势面前，溢香人不忘初心，始终坚持"建一流企业、做一流品牌、创一流品质"的发展定位，始终坚持"不合格鲜蛋不加工、不合格辅料不采购、不合格产品不出厂"的三不原则，赢得了市场和广大消费者称赞和信赖。在 2013 年南昌地区"毒皮蛋"事件中，诸多蛋品加工企业因为使用不合格硫酸铜作为添加剂，导致皮蛋产品不合格，而溢香公司正是由于一直坚持使用合格的优质辅料，在江西省组织的大检查中，抽检的所有皮蛋产品均符合国家产品质量标准，在当时其他企业皮蛋产品在市场上无法销售的情况下，该公司的产品供不应求。

实行品牌战略是溢香公司另一个主要抓手。溢香公司成立以来，年均投入超 50 多万元资金用于技术创新，尤其是近年来，年均科技创新投入都在百万元以上，以此推动企业升级发展，推动企业品牌战略。溢香公司成立技术研发团队，与南昌大学、江西农业大学及原江西省食品研究所进行技术合作，获取技术上的进步。在不断研发新技术、新产品，稳定提高产品质量，延长产品保质期的同时，溢香公司时刻盯紧蛋制品加工现代化技术发展趋势，及时购进现代化、自动化生产加工设备，既可以提高产品质量，又能提高生产效率。溢香公司每年均参加全国性蛋品大会以及各类农副产品和绿色食品展销会，了解和掌握国内外蛋制品生产的前沿技术和发展动态。这样一内一外，推动了公司在质量管理、工艺技术等方面不断改进，促进产品质量不断提升。

　　十年艰辛，十年收获。十年来，溢香公司在品牌建设方面取得了诸多荣誉，先后被授予江西省农业产业化经营优秀龙头企业、国家高新技术企业、全国绿色食品示范企业、江西省科技型中小微企业、江西省专精特新中小企业、知识产权优势企业。江西省妇联授予溢香公司"农村妇女岗位建功先进集体"，九江市妇女联合会、九江市女企业家协会授予溢香公司"优秀企业"称号，瑞昌市委、市政府授予溢香公司"全市工业发展先进单位""企业技术创新奖""瑞昌市市长质量奖"、工业发展"企业上规模奖""优秀农业龙头企业"等荣誉。2016 年溢香公司当选为全国绿色食品协会常务理事单位、江西省名牌战略促进会理事单位、江西省蛋品产业协会副会长单位。同年承担国家科技部"科技型中小企业技术创新基金项目"，2017 年被列为国家农业综合开发重点项目承担企业。产品先后获 ISO 9001：2008 质量管理体系认证、ISO 22000 食品安全体系认证。主营产品咸鸭蛋、松花皮蛋于 2010 年首次获中国"绿色食品"认证，2019 年获绿色食品第四用标周期认证。溢香公司生产的"溢流香"牌松花皮蛋 2018 年被授予"江西名牌产品"称号。溢香公司研发的咸蛋生产技术和皮蛋涂膜技术、盐皮蛋生产技术分别获国家发明专利。从 2015 年开始，公司建立了产品质量追溯体系，2017 年获国家农垦局授权使用农产品质量追溯使用标识。公司每年均参加全国各类绿色食品、农产品展销会，先后获江西省商务厅颁发的"江西省地方特产上海展签约成果奖""产品畅销奖"，中国绿色食品北京博览会"最佳参展企业"，中国绿色食品上海博览会"畅销产品奖"，"溢流香"商标被授予江西省著名商标，获全国绿色食品（青岛）展销会"最佳畅销奖"，江西省农业厅授予溢香公司"中国绿色食品博览会最佳销售奖""首届江西鄱阳湖绿色农产品（深圳）展销会金奖""第九届江西鄱阳湖绿色农产品（上海）展销会金奖"，获"中国第 15 届绿色食品博览会产品展销金奖"，在第 16 届中国绿色食品博览会上生产的皮蛋产品获得"金奖"，在第 13 届中国国际农产品交易会上生产的熟咸鸭蛋获得"金奖"。第 17 届中国绿色食品博览会（长春）上生产的"溢流香"牌熟咸鸭蛋获得金奖，中国农产品流通经纪人协会授予溢香公司"溢流香"牌咸鸭蛋和皮蛋产品"2016 百强农产品好品牌"，第 12 届江西鄱阳湖绿色农产品（上海）展销会（2016 年 12 月）溢香公司生产的"溢流香"蛋制品被江西省农业厅授予"产品金奖"。在中国第16届（内蒙古包头市）绿色食品博览会上，溢香公司参展产品获得金奖，第15届（北京）中国国际农产品交易会上溢香公司生产的皮蛋产品获得金奖。公司生产的熟咸鸭蛋分别获2017年第13届江西"生态鄱阳湖·绿色农产品"（上海）展销会、江西"生态鄱阳湖·绿色农产品"（广东佛山）展销会金奖，获2017年江西地方特色商品（广东）展销会"最受欢迎优质产品"。中国农产品流通经纪人协会、中国供销合作经济学会等授予"溢流香"品牌"2017中国百佳农产品品牌"。2018年在第19届中国绿色食品博览会上公司生产的熟咸鸭蛋获得金奖。

溢香公司已获得1个省级名牌产品，2个省级重点新产品、3个发明专利、31个实用新型专利、68个外观设计专利，专利总数达到102个。

诚实守信，守法经营，践行社会责任。公司从事的是食品加工，面向的是广大城乡消费群体，承担的是消费者的安全健康责任。一方面，溢香公司建立了完善严谨、科学、高效、合理的管理制度，成为行业的引领者，让公司的运作更为规范化，在今后的道路上更为稳定、快速地前进与发展。另一方面，溢香公司尽力建立起公平、公正、严格、透明的管理体系，每年召开总结表彰会，评选若干先进车间和个人，并予以表彰奖励，对连续2年被评为先进的员工，予以工资晋级，在每年的端午节后组织员工外出旅游，通过一系列举措，让员工安心、快乐地工作，为员工提供了一个发挥特长、提高自我的表现舞台。第三方面建立健全溢香公司职工工会组织，并积极开展技能学习、劳动竞赛、文化娱乐等各项活动，在溢香公司内部极力营造一种团结、互助、友爱的氛围，为员工创造出良好的工作与生活环境，使员工有归属感，同时为溢香公司营造出生机勃勃、充满活力的氛围，公司工会也连续三年被瑞昌市总工会授予"先进工会"。

溢香公司成立以来，尽管遇到了不少困难时刻，但始终做到了不拖欠养殖户鲜蛋款，不欠员工工资，不发生银行逾期贷款，不违法经营，不欺骗消费者。积极开展诚信建设活动，先后被授予"江西省守合同重信用公示单位""九江市守合同重信用公示单位"、瑞昌市"诚信承诺单位""重合同守信用单位"，使溢香公司赢得了良好的社会信誉和市场信誉，增强了公司的软实力。

在成就和荣誉面前，溢香人始终牢记"农"字本色，不忘自己应肩负的社会责任。多年来，溢香公司坚持扶贫扶困，捐资助学，先后共投入20余万元；从2009年开始，每年端午节期间免费向全市城乡所有敬老院老人每人赠送20个蛋品；安排农村低保户人员进公司就业；积极参与政府倡导的相关社会活动。

三、"公司＋合作社＋基地＋农户"是溢香公司与农户之间的主要利益联结机制

何雪平牵头组织瑞昌市相关禽类养殖户成立了"瑞昌市溢香禽类专业合作社"，初期社员 45 名，经过多年的发展，合作社成员发展到 158 名，通过合作社带动其他种养农户 3 000 多户。2018 年合作社成员年均收入 5.6 万元，是当地一般农户年收入的 4 倍多，全市鸡鸭等禽类存栏也由公司成立时的 20 万羽增加到现在的 40 多万羽。公司在资金、技术、产品收购等方面对合作社进行扶持，对一时有困难的社员购买鸭苗予以贷款担保，对合作社成员鲜蛋产品在市场行情好的时候按市场价收购，在市场行情低迷的时候，按照养殖保本价收购，这样既保护了养殖户的经济利益和生产积极性，又使养殖户与公司建立起互相信任、互相支持的合作共赢关系，使养殖户能够自愿按照公司加工绿色食品的要求进行养殖，从而使鲜蛋质量得到一定的保障，也为公司产品质量把好了第一道关口。通过"公司＋合作社"这样的联结运行模式，一方面既确保了合作社产品有销路，使溢香公司生产加工原料有了保障，原料质量有保障；另一方面又使合作社和溢香公司都能进行规模化生产，实现了合作社与公司双赢。同时，合作社家庭成员大部分为公司员工，参与溢香公司生产经营及管理，这样形成了合作社与溢香公司利益紧密相连的利益体，从而形成了风险共担、利益共享、相互配合、相互支持、共同发展的生产经营格局，瑞昌市供销社连续 8 年授予公司"为农服务先进单位"。

溢香公司为国家绿色食品生产企业，员工 192 人，多为合作社家庭成员及当地农村妇女和下岗职工。公司主导产品为咸鸭蛋、松花皮蛋、蛋黄、板鸭四大系列 100 多个品种。2018 年实现销售收入 10 500 万元，实现利税 665 万元。公司带动合作社成员 158 户，通过合作社带动其他种养农户 3 000 多户。

溢香公司按照绿色食品标准进行生产，除引进现代化生产设备，采用绿色生产工艺外，投入 100 多万元建立了污水处理站等环保设施，并经过环评，通过了环境验收，各项排放指标达到了环保要求，为当地农产品加工企业在环保工作方面起到了引领示范作用。

四、不忘初心，不忘本色，持之以恒，才能"在小禽蛋里创大业"

业精于勤。在创业过程中，溢香人既经常承受着纷繁复杂的压力，也经常面对着五花八门的诱惑，但他们始终坚守蛋制品加工，在蛋制品加工领域摸爬滚打，把企业做精、做大、做强，让溢香产品香飘万家；把自己

与养殖户联系得更紧、更深、更密，让农产品加工企业与农户相得益彰。

　　坚守质量意识，坚持品牌战略，才能让溢香产品香飘天下。蛋制品加工门槛低，从业众多，市场竞争激烈。溢香公司从成立伊始就把企业定位在"以质取胜"上，并在制度上、力量上、技术上予以保障。十年如一日地坚守，使公司产品从最初只在本市及周边县销售到走向全省，走向全国25个省市，"溢流香"牌蛋品成为国内具有影响力的品牌产品。

　　各级政府的政策支持激发了公司发展的内在动力。溢香公司一头连着养殖户，一头连着市场，在农户、企业、市场这三者的连接当中，政府在发展环境、建设资金、质量指导、展示平台等各个方面都提供了极为有效的政策支持，这是企业发展过程中不可或缺的外部力量，使企业在困难时能够顺利渡过难关，在顺利时能更快地发展。

郑 州 三 全

> **导语：** 在"专业·专注"理念的引导下，三全人一直致力于主食产品的标准化、工业化、规模化，将食品工业做大做强，经过多年的品牌培育，在三全的主品牌下着力培育三全凌、三全状元、三全面点坊、龙舟粽、果然爱、三全私厨等副品牌，公司在提升三全品牌的知名度、美誉度和忠诚度方面进行了持续努力，企业品牌在消费者心中树立了良好的口碑和企业形象，赢得了消费者的普遍信赖和认可，拥有了庞大的具有品牌忠诚度的顾客群体。

一、企业基本情况

三全食品股份有限公司（以下简称三全公司）成立于 1992 年，注册资金 80 966 万元，2008 年在深交所上市，是目前国内最大的以生产速冻食品为主的农业产业化国家重点龙头企业。三全公司目前在全国布局有 7 个生产基地，建有亚洲最大的智能化立体冷库 2 座，设计年产能 65 万吨，生产能力和装备水平均处于国内领先地位。三全公司在国内的市场占有率为 32%，连续多年位居行业第一，2018 年公司销售收入 55.3 亿元。

三全公司开发了我国第一粒速冻汤圆、第一颗速冻粽子，缔造了我国

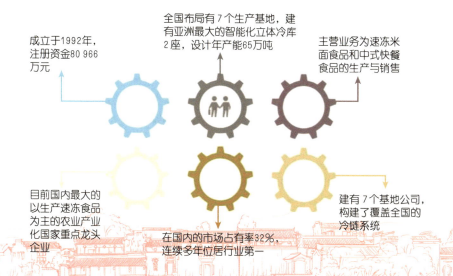

成立于1992年，注册资金80 966万元

全国布局有7个生产基地，建有亚洲最大的智能化立体冷库2座，设计年产能65万吨

主营业务为速冻米面食品和中式快餐食品的生产与销售

目前国内最大的以生产速冻食品为主的农业产业化国家重点龙头企业

在国内的市场占有率32%，连续多年位居行业第一

建有7个基地公司，构建了覆盖全国的冷链系统

速冻米面食品行业，引领着我国速冻食品的发展。公司主营业务为速冻米面食品和中式快餐食品的生产与销售。主要产品有速冻汤圆、速冻饺子、速冻粽子、速冻面点、速冻小笼包、速冻馄饨、常温米饭及米饭套餐、中式速冻快餐、冷饮制品九大系列 400 多个品种。三全公司在郑州、佛山、成都、天津、太仓等地建有 7 个基地公司，构建了覆盖全国的冷链系统，保证产品始终新鲜、安全，给注重饮食乐趣和美味享受的消费者带来不同凡响的饮食体验。

二、主要特点和做法

1. **持续创新品种，不断增添企业发展动力** 最早三全公司的产品只有速冻汤圆，目标也是要把汤圆这个单一的产品做好做大，通过努力，实现"中华汤圆王"的目标，但这个目标定位对三全公司的进一步发展有一定的限制。三全公司以速冻为基础拓展产品空间，特别是推出速冻粽子、速冻馄饨等产品后，将自身定义为"中国速冻食品专家"，这一新的企业目标定位的升级，有效拓展了三全公司在速冻食品领域的创新空间，实现了企业的倍增式成长和跨越式发展，对三全公司形成和巩固在我国速冻食品行业的领导地位起到了重要作用。

2008 年，三全公司上市后，在新的起点上提出了新的战略定位，即要做"餐桌美食供应商的领导者"。餐桌美食的概念远远大于三全公司以往强调的速冻食品的概念，这意味着三全公司将以餐桌主食为经营领域，再次拓展三全公司产品创新空间，为消费者提供更加丰富的速冻、低温和常温主食。这种紧紧围绕主业积极拓展相关产品领域的创新思维为三全公司创新扩展了一个更加丰富多彩的空间，也为三全公司尽快成长为百亿元企业打下了良好的战略基础。

当前，随着人们不断提高的消费水平和年轻消费群体的口味变化，对产品的要求越来越高。这就促使三全公司在充分了解消费需求的基础上，不断进行产品创新，不断开发新品种、新产品，通过持续的技术创新引领消费需求升级，三全公司设有"国家认定企业技术中心"，拥有行业唯一一家博士后科研工作站，形成了产、学、研一体的研发体系和强大的新产品研发能力。三全公司的产品开发主要集中在两个方向，一个是品类创新，进行外延和扩张，如推出的比萨系列、牛排系列、手抓饼系列、蒸蛋糕系列等新产品，都是品类的创新；另一个是细化现有种类，挖掘并细分市场，如之前推出的水果汤圆，2018 年着重推出的儿童水饺系列，都是在现有品类的基础上深度开发的细分市场，这些新品的推出取得了良好的市场效果和经济效益。2018 年，三全公司新产品年销售收入约 11.82 亿元，新产品销售收入占企业销售收入的 21%。

随着房价、房租和劳动力成本不断提升，三全公司发现餐饮业近年来从注重规模扩张发展到重视盈利能力的提升，选择速冻食品企业提供的工业化半成品、成品是其必然选择之一。为此，三全公司向餐饮业进行深入拓展，在充分挖掘和升级原有产品的基础上，重点开发餐饮系列产品，先后开发了速冻撒尿牛肉丸、速冻鱼丸、速冻馅饼、茴香小油条、米发糕等餐饮系列产品 80 余种，进一步打开了新的市场空间，综合竞争实力进一步提升。基于三全公司自身的产品研发、生产及采购规模化能力、质量管控与冷链配送平台，为连锁餐饮提供一站式标准化及个性化产品的食材供应服务，其销售模式为"直营＋经销覆盖"，主要深耕快餐、火锅、团餐渠道场景，已构建出服务于全国的餐饮食材经销服务网络，同时与百胜餐饮集团、海底捞、巴奴、呷哺呷哺、永和大王、真功夫、华住酒店集团、康帕斯、索迪斯等知名餐饮连锁品牌形成深度合作。

近年来，三全公司承担并完成"十一五""十二五"国家科技支撑计划项目、河南省重大科技专项、郑州市重大科技专项以及郑州市农业科技创新项目等 18 项科研项目，取得鉴定成果 10 多项。现参与"十三五"国家重点研发计划项目研究任务 4 项、承担郑州市重大科技创新专项 1 项。主持、参与起草国家、行业标准 23 项，拥有专利 266 项（其中发明专利36 项、实用新型专利 23 项、外观设计专利 207 项），自主研发新产品 400多个。

2. 持续提升产品品质，促进企业不断壮大　作为食品企业，最基本的责任是向消费者提供安全、健康、美味的优质食品。自成立以来，三全公司始终站在中国速冻食品安全、健康领域的前沿，把食品安全作为一项良心工程进行经营，坚持"制度＋良心＋诚信"，把产品质量作为企业生存、发展和形成长久品牌的根本，质量管理工作不断迈向新的台阶。凭借雄厚的科研实力、先进的生产设备和技术工艺以及全面的质量管理，三全公司在同行业中率先通过了 ISO 9001 质量管理体系认证、ISO 22000 食品安全管理体系认证和"英国零售业全球食品安全标准"BRC 认证，已经打造了一条完整的、有足够控制力的从农田到餐桌的新型食品安全供应链，充分保证了从原料种植和养殖、生产加工、储存、运输到终端销售的整个供应链产品的品质和安全。

三全公司全面建立了质量安全保证体系，树立"以质量求生存"的管理意识，并具体落实到了实际工作中。三全公司从推进 ISO 9000 体系到导入卓越绩效模式，全面梳理自身的业务流程，保持自身的持续改进、提高产品质量和管理水平、提升企业竞争力，逐步形成了"三全质量管理模式"。三全公司在质量控制上严把关：加强原料进厂的质量检验，严把原辅材料进厂关；加强生产全过程质量监控，严把过程控制关，不合格的半成品不准进入下道工序，不合格的产品不准入库；加强产品的出厂检验，批批产品进行检测，严把产品出厂关。通过严格的过程管理，确保出厂产品合格率达100%，以最大限度保证消费者的利益。产品标准决定着产品质量安全水平，三全公司还多次自我加压，大力提高企业标准，加大检测手段的投入，三全公司实验室于2006年通过中国合格评定国家认可委员会（CNAS）认证。三全公司通过全面修订企业产品标准，增加酸价、过氧化值、过氧化苯甲酰等检测项目，从标准上对产品安全提供了有效的保证。为了配合检测项目的增加，三全公司在化验室建设及仪器购置方面投入近亿元资金，扩大了检测范围，提高了检测水平和检测数据的科学性、准确性，有效地保证了产品的质量安全。全国米面食品标准化技术委员会速冻米面食品分技术委员会秘书处设立于三全公司，三全公司是我国速冻食品行业生产标准的起草者和速冻食品行业物流标准的主要参与者，被评为全国质量管理先进企业，并被授予中国食品工业质量效益先进企业奖、河南省省长质量奖等荣誉。

3. 持续培育品牌，助推企业实现腾飞 品牌塑造是一个系统长期的工程。三全公司在提升三全品牌的知名度、美誉度和忠诚度方面进行了持续努力，并取得了良好效果，引领整个行业由单一的价格竞争向品质和品牌的竞争以及差异化产品的竞争转变。三全公司在中央电视台发布我国第一个速冻食品电视广告，"三全凌汤圆，味美香甜甜"广告语享誉全国；邀请影视明星蒋雯丽作为三全公司形象代言人，获得了消费者的普遍认可，聘请小S作为三全公司状元产品的形象代言人，在行业中率先使用双代言人进行形象宣传。这些举措有力地提升了三全公司的品牌形象，成效十分明显。但是随着80后、90后成为消费的主力，甚至00后即将登上舞台，消费者不仅注重产品品质，还讲究个性张扬，讲究情感表达，怎样抓住年轻群体的心，使三全的品牌适应年轻人的心理需求，是这些年一直在努力做的工作。在把握年轻人的想法、了解他们的需求上，三全公司的做法是先让市场、营销队伍年轻化，建立一支平均年龄只有20来岁的年轻队伍。三全公司的一些宣传、设计、推广也更适应年轻人，比如三全的微博、微信公众号，就要求更加个性化，更有互动性，在语言习惯、画面风格上都要更迎合年轻人。这些举措成效明显，三全品牌的认知度和市场占有率逐年稳步提升。三全品牌被中国品牌研究院认定为速冻食品行业的标志性品牌，并连续多年入选"中国500最具价值品牌"，同时获得"中国驰名商标"等称号。目前，三全公司拥有有效商标共847件，三全及图商标被认定为驰名商标，龙舟粽、果然爱被认定为河南省著名商标。三全公司将持续在战略规划、形象设计、品牌推广等方面着力，为把三全食品打造成一个值得信赖的、放心的企业品牌形象这一最终目标而持续努力。

4. 持续创新营销模式，扩大产品市场份额　多年来，三全公司以市场需求为导向，以技术和商业模式创新为动力，以新型城镇化为依托，推进供给侧结构性改革，着力构建二三产业交叉融合，积极践行农村一二三产业融合发展。三全公司从生产端入手，坚持自主创新，瞄准线上购买市场，结合"互联网＋销售"，推出鲜食套餐，满足了人们对产品多样化、食材新鲜化和购买便捷化的需求。三全鲜食，即"App（移动端下单）＋FUNBOX（自动饭盒机）＋中央厨房"的新型午餐解决方案，研发FUNBOX智能售卖一体机，自建技术领先的中央厨房，开发首款App遥控点餐平台，打造新型午餐解决方案，专注白领午餐痛点，不出办公室就能吃遍全球美味。邀请全国著名厨师研发出上百种美味可口且能标准化制作的盒饭，每天供应4个品种，一个星期不重样，保证了菜品的可口和新鲜。跳出传统销售模式，用互联网思维彻底改造整个商业模式，摒弃所有中间环节，借助智能售卖一体机自主消费。已投资建设华东基地（太仓），服务上海及周边；建设华北基地（天津），服务北京及周边；即将投产华南基地（佛山），服务广深地区。截至2018年底，三全鲜食已经投放近1 000台智能售卖一体机，合作线上供应平台有饿了么、美团、百度外卖等。

三、利益联结机制

持续实行集群发展和融合发展，带动农民致富。三全公司作为农产品加工企业，前端连接加工原料生产，后端连接加工产品市场销售，利用自身龙头企业的品牌优势，联动原料种植和养殖、生产加工、仓储物流等上下游融合发展，2013年组建了以三全公司为核心的速冻食品农业产业化集群，是河南省首批农业产业化集群。现已形成了以区域农业优势资源为基础、多个涉农组织为主体、农业产业化重点龙头企业为支撑、相关服务机构为辅助、加工集聚地为核心，上下游紧密协作、产业链条长、带动能力强、综合效益好、规模较大的农业产业化生产经营群体。2018年三全公司向集群内河南黄国粮业股份有限公司、潢川县裕丰粮业有限责任公司采购糯米粉32 500余吨，采购数量占公司糯米粉总量1/4；向河南雪燕制粉有限公司采购面粉2万吨，采购数量占公司面粉总量的1/5；向公司所在地惠济区民意种植者专业合作社、顺河农作物种植专业合作社等专业合作社收购四季菜类 370 吨，带动惠济区当地农民就业 1 万人，带动当地农户 5 000 户。公司产业链条上的配套服务企业达到了 4 500 多家，其中 2 200 多家企业为公司提供面粉、糯米粉、肉、蛋、禽、糖、食用油、蔬菜等大宗农副产品原料，以及电子设备、生产设备、物流设备等，带动了种植和养殖、米面制品初加工、食品机械制造、印刷、包装、仓储物流、商贸等数十个行业的发展，通过上下游产业共带动了数万名农村剩余劳动力就业、40 余万农民增收。

加工原料生产 ➡ 三全食品股份有限公司 ⬅ 加工产品市场销售

以区域农业优势资源为基础、多个涉农组织为主体、农业产业化重点龙头企业为支撑、相关服务机构为辅助、加工集聚地为核心，上下游紧密协作、产业链条长、带动能力强、综合效益好、规模较大的农业产业化生产经营群体

四、主要成效

三全公司自 1992 年成立以来，采用"三全食品"为企业品牌，"三全凌"为汤圆产品品牌，到 2012 年公司成立 20 周年庆典暨新形象媒体发布会上诠释"专注·专业"的企业品牌核心经营思想，代表着三全公司已全面进入品牌时代。三全公司同时也采用多品牌的品牌战略，为把"三全食品"打造成一个"值得信赖的、放心的"企业品牌形象这一最终目标而持续努力。目前，三全公司拥有有效商标共 847 件，商标的战略发展，对公司未来行业的发展、开拓新市场、进军新领域提供了品牌战略基础。三全及图商标被认定为驰名商标，龙舟粽被认定为河南省著名商标，果然爱、三全状元被认定为河南省著名商标。

主要成效

· 拥有有效商标共 847 件
· 三全及图商标被认定为驰名商标
· 龙舟粽被认定为河南省著名商标
· 果然爱、三全状元被认定为河南省著名商标

五、启示

作为中国速冻食品行业的开创者和领导者，全国最大的速冻食品生产企业，三全公司始终站在中国速冻食品美味、健康领域的前沿，全力发扬

传承传统美食文化，使用现代科技和工艺，专注研发不同口味的美食，带给消费者新鲜的优质食品、美好的现代生活。三全公司将秉承"弘扬中华美食，志创产业先锋，成就百年基业"的企业使命，开拓进取，努力实现"餐桌美食供应商的领导者"的企业愿景。

三全公司将持续把满足消费者需求、为消费者提供多样化产品、加大市场占有率、提高行业地位作为主要战略目标，下一步将紧紧围绕三全公司这一发展方针和目标，采用不断完善和深化渠道网络、重点推进品牌战略、加大新产品研发力度、强化食品安全监控、优化内部管理、控制成本费用等手段，不断提升市场占有率和市场竞争力，使三全公司继续保持行业龙头地位。

第四章　互联网农业类品牌

江苏省如皋市如城街道顾庄社区

> **导语：** 江苏省如皋市如城街道的顾庄社区，是国家级非物质文化遗产、中国盆景七大流派之一——如派盆景的发祥地，素有"花木盆景之乡"的美誉。在乡村振兴的春潮中，顾庄社区着力以花木盆景产业做实产业振兴、以"田园融合庭院，庭院装点田园"为发展模式，因地制宜推进特色庭院创建全覆盖，既打造出全面展示如派盆景特色——"云头雨足美人腰，左顾右盼两弯半"的绿色生态庭院，又让每一个到访者体验到长寿文化、观赏到花木盆景、享受到田园风光，真正体现出新型高质量现代小康村的独特内涵。尤其是不断叠加的全国文明村镇、国家绿色小康示范村、中国最美休闲乡村等40多项国家级、省级荣誉，扮靓了"环境生态宜居、百姓安居乐业"的美丽乡村。

顾庄社区

一、主体简介

顾庄社区位于江苏省如皋市如城街道主城区南郊，社区面积2.32平方千米，耕地2 680亩，下辖17个居民小组，4个党支部，人口总数3 681人，其中党员118名。改革开放40年来，尤其是乡村振兴战略实施以来，顾庄社区按照"科学规划布局美、村容整治环境美、创业增收生活美、乡风文明身心美"的振兴发展思路，积极与科研院所合作改良花木盆景品种，不断提高产品档次和品质，"家家栽种花木，户户蟠扎盆景"成了顾庄社区的产业特色；深度对接"互联网+"，以花木大世界网为龙头、园林绿化公司为骨干、普通农户为基础，建立了完备产业发展体系。自2007年投入1 500多万元以来，顾庄社区又先后追加投入5 000多万元，扎实推进农村环境整治"六清一绿"工程，建成了"五横四纵"生态桥廊，绿化覆盖率达95%，成为名副其实的城市"绿肺"、深"氧"世界。顾庄社区从一个贫穷落后的"城角落"发展到如今的全国文明村、江苏最美乡村，从名不见经传的普通村落快速跻身家喻户晓的花木盆景"网红村"，村民生活、村容村貌发生了翻天覆地的变化。目前社区拥有高级、中级技师160多名，花木经纪人400多名，花木盆景销往多个国家和地区。2018年，三产总产值5.86亿元，村营业收入266万元，农民纯收入3.68万元。

社区面积2.32平方千米，耕地2 680亩，下辖17个居民小组

"家家栽种花木，户户蟠扎盆景"成了顾庄社区的产业特色

深度对接"互联网+"

扎实推进农村环境整治"六清一绿"工程

在国内的市场占有率32%连续多年位居行业第一

社区拥有高级、中级技师160多名，花木经纪人400多名

二、发展模式

1. 模式简介 田园融合庭院，庭院装点田园。

2. 发展策略 以打造江苏第一个"无粮村"为切入点，借助成为国家级农业科技园区核心区的东风，致力于打造特色庭院示范区；继如派盆景制作技艺跻身国家级非物质文化遗产，拉开多元品牌打造的步伐，伴随乡村振兴的提速推进形成品牌叠加效应；以改革创新，推动花木盆景产业做大、做强、做优，抢占市场奔小康；通过全民打造，演绎独特的"乡愁"，把社区建设成为产业兴旺、生态宜居、乡风文明、治理有效、生活富裕的美好家园。

3. 主要做法

（1）穷则思"变"，打造江苏第一个"无粮村"。1978 年十一届三中全会之后，特别是市场经济改革全面铺开，改革开放初期的顾庄社区，穷则思"变"，以期打造江苏第一个"无粮村"。顾庄百姓抓住商机，到各地收购树苗，培育加工之后卖给苗圃，农户每年能盈利 3 000～4 000 元。尝到甜头的村民们开始大面积栽种苗木，发展盆景产业。

20 世纪 80 年代中期，苗木规模越做越大，紫薇、蜡梅、龙柏、罗汉松等连片成群，亩产值超过 1 万元，顾庄万元户大量涌现。90 年代中期，顾庄已无人再种粮食，全村男女老少皆种花木，沿街"十里花市"蔚为壮观。2002 年，华东最大的花木交易市场——如皋花木大世界开业，苗木盆景发展前景向好。市场经济改革赐予的红利，顾庄人紧紧抓在手中，"百万不算富，千万才起步"成为顾庄人的追梦标配。

（2）精巧设计，扮靓特色庭院。借助成为国家级农业科技园区核心区的东风，顾庄社区致力于打造特色庭院示范区。

通过政府的规划引导和政策扶持，激发群众参与创建的热情，顾庄社区因地制宜、就地发展，奋力打造出各具特色的农家庭院。社区两委坚持把做大做强花木特色产业作为发展村域经济、促进农民增收的主抓手。

在苗农培养上，鼓励农户"半耕半读"，定期邀请专家教授来社区开展技术培训，不断提升农民职业技能和盆景艺术修养。目前，社区拥有中高级农艺师 160 余人，走出花汉民、翟本建等一大批土生土长的国际盆景大师与国际盆景园艺企业家。

定期邀请省内外专家学者、技师能人，借助市农业部门、农业技术学校的技术力量对村民进行定期或不定期培训、现场指导。帮助村民更新花木品种 20 多个，调优档次，转型升级，提高亩产效益。目前花木品种达到 400 多个，每年培育各类名贵花木 300 多万株，各式盆景 20 多万盆，产品覆盖全国市场。

　　加大特色庭院创建工作力度，加快美丽乡村、美丽农家建设进程，确保特色产业更具号召力、影响力和美誉度。通过"政府主导、社区主推、农户主建"和"以奖代补"的机制，顾庄社区引导166家农户对自家庭前屋后的198亩自留地进行景观化改造，对自留地原有苗木提档升级种植盆景，除了五松园、盆景园等成熟的景观园林外，更多农户也因地制宜，结合自家种植项目，修建了竹房、梅园、雀舌园、罗汉松园等小型特色庭院，融入了顾庄人的个性情怀和时代内涵。既改变了过去苗木小而全、杂而乱、经济附加值不高的状况，又加快了"一产三产化"的产业发展进程，从而完成高效农业向旅游观光农业的转型升级，促进了农业增效、农民增收；特色庭院创建既充分展示了如派盆景的独特魅力，美化了家园、村庄，又成为江苏乃至全国"美丽农家"的样本——"顾庄模式"，形成了一组一品、一院一景的特色庭院示范区，一举多得。如今顾庄社区里的红梅园、御枫园、诗画园等特色庭院串点成线，成了顾庄社区美丽的风景线。

　　（3）国家级非物质文化遗产，引领品牌多元叠加。2011年，以"云头雨足美人腰，左顾右盼两弯半"为特色的如派盆景作为中国盆景艺术七大流派之一，获得全国首个盆景类地理标志证明商标；2014年，如派盆景制作技艺入选第四批"国家级非物质文化遗产代表性项目"；2016年，中国花卉协会盆景分会永久落户顾庄社区；2018年，全国花卉标准化技术委员会盆景工作组在如皋顾庄成立。如派盆景走进了中南海、人民大会堂，走出了国门，成为国内外高档盆景的代表，东走日本、西行欧美等多个国家和地区，多次在国际花卉盆景大赛上获奖，其中国际金奖达11项。

　　继如派盆景制作技艺跻身国家级非物质文化遗产后，伴随乡村振兴的提速推进，顾庄社区拉开多元品牌打造的步伐。近年来，顾庄社区先后荣获全国文明村镇、国家级生态村、国家绿色小康示范村、中国最美休闲乡村、全国优秀学习型党组织、江苏省特色旅游景观示范村、江苏省乡村振兴旅游富民先进村、江苏省新农村建设示范村等40多项国家和省级荣誉称号，进而营造出多元品牌的叠加效应。

获得荣誉

（4）全民打造，美丽田园演绎独特的"乡愁"。党的十九大以来，顾庄社区更是借着乡村振兴战略实施驱动的强劲东风，演绎着独特的"乡愁"。口袋富起来、名气响起来的顾庄人对庭院也有了更高的追求，顾庄特色庭院进入整体提档升级阶段。深入推进江苏省特色田园乡村建设，大力实施农村环境整治和美化亮化工程，扎实推进河道整治、农路渠桥涵管护、绿化管护、垃圾分类处理、农村违建管理、畜禽粪污治理、秸秆禁烧禁抛的"七位一体"长效管护工作，建成了"五横四纵"生态桥廊，绿化覆盖率达95%，成为名副其实的城市"绿肺"、深"氧"世界。

以传统民居为肌理，以花木产业为依托，以美丽田园为特色，以休闲农业为主导，依托国家农业科技园区、长寿旅游度假区、中华长寿文化谷等众多平台优势，顾庄社区以"田园融合庭院 庭院装点田园"的发展模式做起了美丽乡村的大文章。2018年，顾庄社区追加投入2 500多万元，修建了一条长3千米的环形游线，沿线设置宣传长廊、文化景墙、家风家训展示牌，将特色庭院长廊与国际园艺城、五松园、田园等景点勾连起来，打造成具有浓郁地方特色的观光休闲区，成功获批国家AAA级景区、江苏省自驾游基地和江苏省旅游风情小镇。2018年，实现旅游收入超500万元，日均接待游客2 000多人。

（5）党建引领，文明乡风入民心。名气响起来、环境美起来的顾庄社区更加注重从内涵深处提升乡风民风，倡导良好的诚信风尚。全面贯彻习近平新时代中国特色社会主义思想，顾庄社区充分发挥党员先锋作用，扎实开展产业发展、创业增收、结对帮扶等党建引领活动，取得党建带动乡风文明新成效。通过开展道德讲堂教育，"道德模范"和"五好家庭"的评选，"我们的节日""你好，邻居"等活动，运用宣传栏、文化墙、塑景雕塑等载体，宣传核心价值观、"爱敬诚善"文化、村规民约，营造积极向上、文明至善的良好氛围。突出典型引路，118名社区党员中有60%以上是花木经纪人，他们率先致富增收，成为走在致富奔小康前列的引路人、助推农村发展的"红色带头人"。

新时代、新发展、新要求，如今的顾庄社区，尤其是全社区党员，正抢抓如皋"陆海江黄金交汇点、沪苏通高铁桥头堡"的枢纽优势，不忘初心、牢记使命，在习近平新时代中国特色社会主义思想和党的十九大精神指引下，坚持以百姓利益最大化为中心，把富民强村的重任放在心上、扛在肩上，以新的精神状态和奋斗姿态推动花木盆景产业做大做强做优，致力于把社区建设成为"产业兴旺、生态宜居、乡风文明、治理有效、生活富裕"的美好家园。

社区风貌

三、利益联结机制

　　求新求变的创新精神让顾庄社区在产业发展道路上一路高歌前行。在生产方式上，顾庄社区积极推进企业＋基地＋农户、经纪人（合作社）＋农户、市场＋基地＋农户等生产模式；成立花木专业合作社和花木协会，改"单打独斗"为"抱团发展"，形成生产＋公司＋市场的一条龙产业链。在销售方式上，2002 年建成华东最大的花木交易市场——花木大世界，结束了顾庄人乘车到外地叫卖的历史；2004 年建立花木大世界网，开启了花木盆景线上交易新纪元。在花木品种上，充分发挥种植大户龙头带动作用，积极与科研院所合作改良花木盆景品种，引导盆景向微型化、巨型化、精品化、古老化方向发展，全力适应市场新需求，积极抢占市场份额。

　　顾庄社区以盆景产业为载体，以村集体为基本单位，按照国内外市场需求，充分发挥本地资源优势、传统优势和区位优势，通过大力推进盆景品牌化和市场化，逐步建立了区域特色鲜明、附加值高的主导产品和产业，大幅度提升了村集体经济实力和综合竞争力，成为名副其实的小康示范村。

盆景园

四、主要成效

围绕乡村振兴战略，作为美丽乡村示范村，江苏如皋如城街道顾庄社区紧扣特色田园乡村建设总要求，积极发挥国家农业科技园核心区、如派盆景发祥地的独特优势，以"田园融合庭院，庭院装点田园"的发展模式，全力打造特色鲜明的民富村美新顾庄。通过做精盆景园艺"特色产业"，聚焦三产融合，加速转型升级，大力实施河道清障、绿化亮化等工程，提升环境质量，激发美丽乡村跨越式发展的新活力。作为全国文明村镇，顾庄社区结合新时代文明实践，通过开展盆景蟠扎大赛、民俗文化活动、农民运动会等，提升了村庄整体文化品位。以社区盆景产业发展、盆景蟠扎技艺、乡风道德典型引导居民见贤思齐、共建和谐。一步一个印记，40多个荣誉叠加出品牌效应，见证着顾庄社区迈向高质量现代小康新境界。"回顾奋斗路，康庄任你行"，现在的顾庄如诗如画，走过村口的"顾景怡年"牌坊，入眼处，户户门前有园林；空气中，处处庭院飘花香。洋楼别墅，回廊花圃，小桥流水，随形就势，罗汉、黄杨、紫薇等名贵花木和精美盆景随处可见。在这里，家家都是精美的私家园林，诗意生活，田园风光，这里就是中国最美乡村之一的顾庄社区。

主要成效

- 提升环境质量，激发美丽乡村跨越式发展的新活力
- 通过开展盆景蟠扎大赛、民俗文化活动、农民运动会等，提升了村庄整体文化品位
- 弘扬新乡贤文化的"好人长廊"，以社区盆景产业发展、盆景蟠扎技艺、乡风道德典型引导居民见贤思齐、共建和谐

五、启示

实施乡村振兴战略，是深入推进社会主义新农村建设的重大举措；而建设美丽乡村，是在农村落实"四个全面"战略布局的总抓手。

从改革开放之初先尝甜头到抢抓市场经济机遇，从抢占品牌经济潮头到追求品牌叠加效应，从抱团闯市场到敢于展开"互联网＋"的网络经济试水，从绿色盆景产业致富到打造新农村建设"升级版"。一句话：社区两委乃至全体党员"思想解放，因时而动"是关键；在"闯"中开辟新路，在"试"中探索前进，既要醒得早，又要动手快，更要行稳致远。

产业兴旺是建设美丽乡村的基础工程，因地制宜，找准适合"农民致富，农村发展"的产业突破口，才能从根本上驱动乡村振兴。

乡村富不富，关键看农户，一切举措只有来自老百姓的利益需求而又服务于老百姓的利益需求，才能"事半功倍"，加速乡村振兴。

任何社区（地区）都有自己的"绿水青山"，只要找准绿色产业发展抓手，就一定能在保持绿色生态可持续发展的前提下富有特色地变"绿水青山"为"金山银山"。

推进乡村振兴，必须实施品牌战略；品牌叠加，更能催生资源整合效应、拳头驱动效应和区域经济效应。社区（村）级必要的投入和科学规划，是乡村振兴的龙头与可靠保障。乡村振兴的起点在农户，乡村振兴的终点也在农户，江苏如皋的如城街道顾庄社区，推行"田园融合庭院，庭院装点田园"的发展模式，不失为江苏乃至全国打造和建设"美丽乡村"的样本。

第五章　企业类品牌

高邮市红太阳

> **导语:** 未识高邮人，先知高邮蛋。高邮咸鸭蛋是高邮的名片。地处江苏省里下河腹地的高邮，河网交错，水域辽阔，鱼虾满塘，被誉为"鱼米之乡"，勤劳智慧的高邮人利用这一地理优势，培育出了"高邮麻鸭"，这种鸭不但产蛋率高，而且能产"双黄蛋"，是华夏一绝。在高邮众多的鸭蛋加工企业和品牌当中，高邮市红太阳食品有限公司及其红太阳品牌是同行业中的翘楚。公司在传统加工工艺的基础上融入现代科技，率先从台湾地区购进了集蛋品清洗、统计、检测、分级等于一体的流水线，加工的红太阳牌咸鸭蛋、双黄蛋、松花蛋、营养鸡胚等系列产品，通过了有机食品和绿色食品认证，获得了中国名牌农产品、江苏省著名商标等殊荣，是名副其实的地方特产、行业名牌。

一、主体简介

高邮市红太阳食品有限公司地处高邮市城南经济新区，旁依著名的京杭运河及 333、237 省道，交通便利，区位优势明显。公司是全国鸭蛋加工行业中唯一获"国家蛋品加工技术研发分中心"的企业，建有中国鸭文化博物馆。公司秉承弘扬地方特色产业、带动农民增收致富的理念，依托高邮湖、清水潭、芦苇荡等得天独厚的自然条件，按照产业化经营、一体化发展的思路，形成了高邮鸭科研选育、规模化养殖、蛋肉制品加工以及饲料加工四大主导产业。现有固定资产 6 500 多万元，拥有各类专业技术人员 100 多名，建有南湖、西湖、清水潭规模化养鸭基地 3 个，年饲养高邮鸭 30 万只，加工各类蛋品过亿枚。公司生产的咸鸭蛋、双黄蛋、松花蛋、琵琶鸭、扬州鹅等系列产品，长期供应家乐福、乐购、欧尚、大润发等国际零售巨头以及上海世纪联华、华联、华润苏果等国内大型连锁超市，产品畅销国内 20 多个省份，在全国设有上千个卖场和展销专柜。

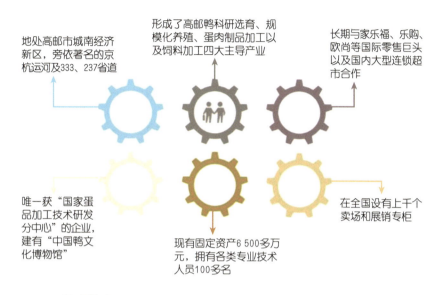

地处高邮市城南经济新区，旁依著名的京杭运河及333、237省道

形成了高邮鸭科研选育、规模化养殖、蛋肉制品加工以及饲料加工四大主导产业

长期与家乐福、乐购、欧尚等国际零售巨头以及国内大型连锁超市合作

唯一获"国家蛋品加工技术研发分中心"的企业，建有"中国鸭文化博物馆"

现有固定资产6 500多万元，拥有各类专业技术人员100多名

在全国设有上千个卖场和展销专柜

二、模式简介

1. 模式概括 实行"公司＋基地＋农户"模式，依托红太阳食品有限公司，创办红洲饲料公司和红洲育种公司，从种鸭保护与繁育、高邮鸭养殖、蛋品收购、产业化生产等方面已经形成较为完整的产业链、价值链。生产的鸭蛋、风鹅等系列产品获得多方赞誉。公司持有的"红太阳"商标通过了有机食品和绿色食品认证，获得了中国名牌农产品、江苏省著名商标等殊荣。其产销规模、科技含量、质量档次、市场占有率、品牌知名度等均居同行之首。

依托红太阳食品有限公司，创办红洲饲料公司和红洲育种公司

从种鸭保护与繁育、高邮鸭养殖、蛋品收购、产业化生产等方面已经形成较为完整的产业链、价值链

产销规模、科技含量、质量档次、市场占有率、品牌知名度等均居同行之首

2. 发展策略 公司秉承以质量求生存、以品种求发展、以管理求效益的经营理念，贯彻绿色、健康、共享的发展理念，通过实施产前、产中、产后全过程标准化生产，为消费者提供更多、更好的优质、安全、营养的绿色食品。充分发挥商标品牌引领作用，进一步保护传承鸭文化、做

大做强鸭产业。

3. 主要做法

（1）*基地规模养，品牌有保障*。高邮市是农业生产大市，境内湖荡连片，沟渠纵横交错，水面资源丰富，水质清澈无污染，得天独厚的自然资源孕育了高邮麻鸭。高邮市红太阳食品有限公司前身为高邮市牧业蛋品加工厂和高邮市种鸭蛋品加工厂，专门从事鸭蛋加工。受蛋品来源、品质的影响，企业一直裹足不前。20世纪90年代后期，随着党中央、国务院对"三农"工作更加重视，出台了一系列促进农业增效和农民增收、提高农业综合生产能力的支农、惠农、强农政策，也为企业发展提供了良机。

随着高邮市红太阳食品有限公司加工和销售规模的不断扩大，红太阳品牌的知名度日益提升，企业对加工原料的要求也越来越高，迫切需要建立稳定的原料生产基地，以切实保证农产品质量安全。为此，在不断发展和壮大现有红太阳食品有限公司的基础上，创办了红洲饲料公司和红洲育种公司。

为了加强高邮鸭的保种和繁育，专门建设良种繁育中心，占地150亩，配有保种区、办公区、饲养区、孵化区，年供种鸭150万只以上。为了保证高邮鸭健康生长，根据其生活习性专门进行饲料配方加工，提供养殖技术咨询。为了加工正宗的高邮鸭蛋，公司按照产业化经营的模式，把养鸭基地作为生产的第一车间，在马棚街道、高邮镇湖滨村、八桥镇等地建立自己的养鸭基地，每年与基地养鸭户签订蛋品购销合同，实行保护价收购，确保蛋品数量和质量。

（2）*科研新品系，品牌增后劲*。以前，由于高邮鸭品种自身的原因，个体大、耗料多，只适宜放养，关养后不仅效益难以保证，养殖规模也受到影响，因此过去高邮市关养鸭的品种几乎都是外地鸭，这与进一步张扬高邮鸭特色、做大做强高邮鸭产业显然是相违背的。

为此，公司从企业发展长远出发，加大创新力度，与科研院所合作，对高邮鸭进行选育改良。通过与中国农业科学院家禽研究所、扬州大学联合开展高邮鸭青壳蛋遗传基因研究，成功培育出产蛋率、青壳率、双黄率均明显提高的高邮鸭"三率"良种。不仅饲料报酬高、效益明显，而且能够适应规模化、集约化的关养。公司围绕"三率"鸭蛋的特点，着手研制开发蛋壳全部为青色的健康咸鸭蛋（已申报国家专利），投放市场后，倍受消费者欢迎，为"三率"鸭蛋的销售和"三率"鸭的推广创造了新的发展机遇。

为使科研成果最大限度地转化为现实的生产力，提升高邮鸭的养殖水平，增加企业效益，在建立高效规模养殖示范基地的基础上，向广大鸭农提供新品种、新技术，新品饲养率达到100%。广大养殖户也逐步认可高邮鸭新品系，认为其具有产蛋量高、青壳蛋比例高、抗病力强、耐粗饲等特点，降低了饲养成本，提高了生产效益。实现了鸭农养殖有效益、企业生产有蛋源、产品销售有市场，从供应、养殖、加工、销售产生同频共振效应，红太阳品牌在市场上越叫越响、销售越来越火。广大消费者从心底里发出感慨："要吃正宗高邮蛋，心中只有'红太阳'"。

公司还参与研发"苏邮1号"蛋鸭配套系，2013年已被江苏省政府评为"江苏省科技进步奖"一等奖，被江苏省列为重点推广新品种之一。该配套系除在江苏各地适用外，也适合于东南、华中、华南、西南各地区推广，原有蛋鸭饲养条件均可饲养。

(3) 精制好产品，品牌誉神州。2004年5月，公司顺利通过了ISO 9001质量管理体系认证，并在同行中率先获得了3个绿色食品和全国唯一的水禽业加工咸鸭蛋有机食品产品标志。公司选用基地养殖及湖泊中放养的高邮麻鸭所产鲜鸭蛋作为原料，采用传统工艺，并融合现代的蛋品腌制技术，在每个生产环节严把质量关，与主管部门签订责任状，实行质量安全承诺制度；定期对企业员工（农户）进行农产品质量安全宣传培训，内部建立健全标准化生产、检测、巡查、宣传培训等信息档案，由专人对档案进行管理，设质量内检员并正常开展工作，对产品进行上市前检测（以档案记录为准），企业自检不合格产品坚决不出厂。

红太阳品牌系列蛋制品凭借可靠的质量和良好的信誉，多次荣获中国国际农业博览会金奖、江苏省首届名牌产品和江苏省著名商标，公司还先后被评为中国水禽业20强、优秀龙头企业。其科技成果先后获江苏省政府高邮鸭品种资源保护与利用研究二等奖和高邮鸭优质高效生产技术推广奖。

(4) 淘宝旗舰店，品牌网售红。在传统销售渠道畅通的前提下，公司与时俱进，积极尝试新的销售模式，于2011年10月29日成立了红太阳食品天猫旗舰店。这是首家入驻天猫旗舰店的高邮蛋品加工企业。

成立之初2个人加2部电脑，大事小事全部包干，边学边做。目前，已经发展成为拥有20多个人的专业团队，客服、美工、活动策划、打包、发货等分工明确，责任到人。日出货量从起初的几十单发展到现在的日均发货2 000～3 000单，促销活动发货量更大，淘抢购日发货5 000单左右，聚划算日发货3万单左右。网上销售一年好于一年，2017年销售额近5 000万元，2018年销售额达6 000万元。

在网上销售过程中，公司建立了科学、完善的经营管理制度，主要涵盖服务质量安全保证、消费者权益保护、交易安全保障、不良信息处理等方面，红太阳食品旗舰店坚决承诺：坏单包赔、正品保证、极速退款。几年来，未发生严重影响食品质量和服务的违法行为，未发生影响较大的群体消费投诉事件，有效维护了红太阳的品牌形象。红太阳旗舰店质量描述、客服态度、物流服务评分高于同行平均分 20%～30%。目前，在淘宝蛋品销售店铺中排名第一，消费者满意度名列前茅。

(5) 传承鸭文化，品牌新内涵。高邮鸭是我国著名的水禽品种资源，已有近千年的历史，有许多独特而优秀的生产性能，蕴藏着巨大的经济发展潜力。2000 年高邮鸭被农业部列入《国家畜禽品种资源保护名录》，2002 年和 2008 年高邮鸭蛋又先后被国家质量监督检验检疫总局和国家工商总局批准为国家地理标志产品和国家证明商标，是名副其实的"地方特产，世界品牌"。

为了做大做强高邮鸭产业，宣传高邮、宣传高邮鸭，扩大对外知名度，以进一步弘扬高邮鸭产业，传承鸭产业文化。公司甘当行业排头兵，始终把产品加工和全市鸭产业紧密结合，把高邮鸭的历史、文化、营养、加工、品牌、产业化以及与其相关的美食、人物与领导关怀等融为一体。2010 年公司与高邮市政府、高邮鸭集团等合作建设中国鸭文化博物馆，总投资 2 480 万元，占地面积 1.2 万平方米，其中核心展区 1 800 平方米，采用田园牧歌设计风格，分"华夏牧鸭冠全球""高邮麻鸭甲天下""名鸭产业惠四方""鸭韵醉人耀中华"四个展厅。截至 2018 年底，该馆已先后接待国内外来宾 6 万多人次，让高邮鸭业文化得到了很好的保护、传承、传播、交流。

与此同时，公司每年主动参与中国双黄鸭蛋节活动，举办"红太阳"大型文艺晚会，开展高邮鸭蛋加工非物质文化遗产传承工作。既挖掘了丰富高邮鸭文化，又更好地宣传了红太阳品牌，让红太阳品牌家喻户晓，品牌价值得以进一步彰显。

| 基地规模养鸭
品牌有保障 | + | 科研新品系
品牌增后劲 | + | 精制好产品
品牌誉神州 | + | 淘宝旗舰店
品牌网售红 | + | 传承鸭文化
品牌新内涵 |

三、利益联结机制

公司成立红太阳养鸭协会，在自身创办高效规模养殖示范基地的基础上，充分发挥示范和带动作用，按照"订单农业"的模式，吸引广大农户加入，每年与基地养鸭户签订蛋品购销合同，目前涉及养鸭户 183 户。通过良种繁育中心培育高邮鸭，交由鸭农规模化饲养，对新鲜鸭蛋实行保护价收购，一般在市场价格的基础上加价 5%，最大程度调动广大鸭农养殖的积极性，保证高邮鸭蛋绝对正宗。

成立红太阳养鸭协会

⬇

按照"订单农业"的模式，吸引广大农户加入，每年与基地养鸭户签订蛋品购销合同

⬇

通过良种繁育中心培育高邮鸭，交由鸭农规模化饲养，对新鲜鸭蛋实行保护价收购，一般在市场价格的基础上加价5%，最大程度调动广大鸭农养殖的积极性

四、主要成效

公司经过多年持续稳定的发展，逐步成为全国生产、加工、销售鸭蛋制品规模较大的民营企业。2018 年加工鸭蛋过亿枚，销售额达到 1.1 亿元，上缴税金 220 万元。企业常年用工保持在 150 名左右，季节性用工可达 300 多名，目前人均年工资稳定在 4 万元以上。共带动近 200 个养殖农户，鸭年饲养量达 100 万只，户均收益可达 30 万～40 万元，成为高邮市富民增收支柱产业之一。

五、发展启示

纵观红太阳品牌的建设和发展，能够在激烈的市场竞争中立于不败之地并一步一步走向成功，其发展历程可圈可点。蓦然回首，也有诸多启示。

1. 产业基础是品牌建设的根基 皮之不存，毛将焉附？高邮鸭是高邮独特的地方资源，是高邮鸭产业的基础。红太阳品牌是在高邮鸭产业基础上逐步发展起来的。得天独厚的高邮鸭产业基础，奠定了红太阳品牌发展的根基。农业品牌的发展与建设，必须立足于本地资源，充分发挥产业基础优势。

2. 带动致富是品牌建设的目的 俗话说，一方水土养一方人。过去，许多高邮老百姓，就是靠高邮鸭养家糊口。随着时代的发展、社会的进步，养高邮鸭不仅是解决温饱问题的方式，更是发家致富奔小康的项目。带领乡亲们致富，就成为红太阳品牌的历史使命和终极目标。任何农产品品牌建设和发展，都离不开带动致富的初心和目标，否则，农民将会对品牌失去信心。

3. 产品质量是品牌建设的生命 民以食为天，食以安为要。红太阳品牌建设和发展，应从高邮鸭蛋生产源头抓起，建养殖基地保蛋源，研究高邮鸭新品系增后劲。加工过程中，加大技术投入、提高生产工艺、严控产品质检等目的只有一个，就是确保蛋品质量安全，让消费者放心食用。

4. 与时俱进是品牌建设的动力 5G 时代已经到来，人们的消费观念已发生根本性的变化。如果红太阳蛋品销售，抱守传统的销售模式，未尝试网上销售，被时代抛弃的惨痛后果可想而知。事实证明，唯有与时代同频共振，创新发展、引领消费，品牌发展才有顽强的生命力。

靖 江 汤 包

导语： 靖江蟹黄汤包，中华四大名点之一，被誉为"神奇的包子"，人民日报、中国食品报、香港商报等 40 家报纸，中央电视台、中央人民广播电台等近 10 家新闻媒体都重点宣传、追踪报道过靖江蟹黄汤包。许多名人慕名前来品尝过靖江蟹黄汤包，党和国家领导人也高度评价靖江蟹黄汤包。但是，由于受原材料、产品保质期、制作工艺以及营销模式等因素的影响，靖江蟹黄汤包始终停留在初级手工作坊式、现做现销、店堂销售的现状，没有像天津狗不理包子、扬州富春包子、南翔小笼包一样形成产业化集群。江苏尚香食品有限公司以靖江蟹黄汤包的营销战略为切入点，跨越传统、创新经营、建立新模式，对推动我国传统美食行业的快速发展具有较为重要的借鉴意义。

一、主体简介

江苏尚香食品有限公司，2010 年 8 月注册设立，投资建成国内首条速冻汤包生产线，成为国内首家以速冻汤包为主导产品的企业，并首个在国内获得汤包 SC（食品生产许可）认证。公司现有员工 126 名，其中具有大专以上学历的员工 39 名；重要生产岗位的工人均通过职业技能培训；对国家有持证上岗要求的工种，在岗人员均获得相应的职业技能鉴定证

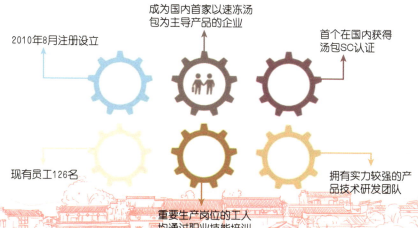

2010年8月注册设立

成为国内首家以速冻汤包为主导产品的企业

首个在国内获得汤包SC认证

现有员工126名

重要生产岗位的工人均通过职业技能培训

拥有实力较强的产品技术研发团队

书。公司拥有实力较强的产品技术研发团队，现有博士生导师 1 名、教授3 名、博士研究生 3 名、硕士研究生 5 名、注册会计师 1 名、非物质文化遗产传承人 1 名、高级技师 1 名。公司配有先进的食品加工、包装设备30 余台（套），建立了现代化的化验室，拥有能容纳 1 500 吨原料的冷库。

二、模式简介

双壁垒领先技术＋产业化生产＋连锁经营发展。

靖江蟹黄汤包制作工序多达 30 多道，因汤包皮薄如蝉翼，内含汤汁如泉，而极易破裂。因此，过去靖江蟹黄汤包通常只能堂食，很难实现工业化生产，难以满足外地客人携带的需求，更难进入千家万户。为弘扬靖江蟹黄汤包这一非物质文化遗产，把靖江蟹黄汤包推出靖江，推向全国，推向世界，使汤包生产走向产业化、规模化，公司与全国食品科学与工程技术研究最著名的江南大学合作，历时 4 年，攻克了汤包产业化生产的四大关键技术：独创了汤包制作过程中压面的自动化生产技术与工艺，不仅使汤包实现了规模化生产，而且保证了汤包皮的均匀性；发明了酶法交联抗裂技术，即速冻技术，彻底突破了传统汤包对于时间和空间的依赖；发明了生物抗氧化保质技术，即食品保鲜技术；发明了冷冻面团的醒发工艺。目前，公司生产的各种发面包子全部采用生冻工艺，锁鲜、保鲜已处于行业内领先水平。2010 年，成功生产出便于携带、便于流通的速冻汤包，将消费者喜爱的靖江特色名点蟹黄汤包"吃得好，带得走"的愿望变成了现实。

通过实践和拼搏，江苏尚香食品有限公司在汤包的产业化、规模化生产上已取得阶段性成就，不仅开发出蟹黄汤包，而且新研发了河鱼汤包、牛肉汤包、海参汤包等多个品类。生产的汤包已进入上海、北京、天津、江苏、广东、山东、海南、黑龙江等 28 个省份近千家饭店酒楼，进驻了上海第一食品店、世纪联华、乐天玛特、华润苏果等大型连锁超市在上海、江苏、浙江等地的 160 余家门店，已建立稳定的酒店、商超、连锁门店及礼品四大销售渠道。2013 年公司进军连锁餐饮行业，先后在上海、江苏、北京、广州、重庆、成都、香港、昆明等大中型城市创立了尚香汤包馆、尚香汤包传奇两大中式休闲快餐连锁店。为适应旅游市场需要，2014 年初，公司组织开发了景区汤包，创设了景区店，目前南京夫子店、北京南锣鼓巷、北京后海、北京王府井、香港铜锣湾、上海城隍庙、西塘古镇、苏州观前街、杭州禾坊街、云南丽江古城、重庆磁器口、成都黄龙溪、天津古文化街、广州白云机场等地开设 80 余家门店，公司计划用3～5 年时间，在国内外景区开设 1 000 家汤包加盟连锁店，使尚香汤包成为最具竞争力的包馅面点品牌及中式旅游餐饮品牌。靖江传统名点蟹黄汤包，在江苏尚香食品有限公司汤包产业化生产的影响和推动下，不仅走出靖江、走向全国，而且已走向境外。

2010 年，江苏尚香食品有限公司生产的产品先后被扬子晚报、新华日报、新民晚报、江苏电视台等江苏和上海的多家主流媒体多次报道。2010 年 9 月，尚香汤包因独特的工艺、优良的品质被列入泰州老行当文化研究与保护协会重点保护产品。2010 年 11 月，台湾《汉声》文化创始人黄永松先生慕名赴靖江考察尚香汤包，给予了高度评价。

2011 年 10 月，尚香汤包被列入 2011 年国家星火计划项目。2012 年 2 月，尚香汤包被中国烹饪协会认定为"中国名点"；2012 年 12 月，入选央视《舌尖上的中国》第一季第 7 集。2013 年 8 月，公司被农业部命名为全国农产品主食加工示范企业，成为泰州市唯一获评企业、江苏省 5 家获评企业之一；2013 年 10 月，公司被泰州市评定为农产品加工龙头示范企业。2017 年 12 月，公司被江苏省科技厅认定为农业科技型企业。2018 年 3 月，尚香汤包入选央视《走遍中国》之《智创新城》第 4 集；2018 年 5 月，强势登陆美国纳斯达克大屏。2018 年 12 月至 2019 年 2 月，江苏卫视《潮起扬子江》、CCTV－2《生财有道》《第一时间》《回家吃饭》等栏目先后对尚香产品进行专题报道。在 2013 年中国农产品加工业投资贸易洽谈会上，公司产品获得了农业部颁发的"优质产品奖"称号；在同年 9 月召开的第四届黄海国际美食文化节暨中国好味道全国精英名厨大赛上，尚香汤包被组委会授予"天下第一包"荣誉称号和"最受欢迎奖"；被中国食博会认定为"中国最受欢迎十大包子品牌"。2014 年 3 月 25 日，江苏省餐饮行业协会领导来公司调研，对公司汤包产业化生产及产品品质给予了高度评价。2014 年 9 月 23 日，公司参加农业部在北京召开的全国农业会议，农业部领导两次点名表扬尚香食品，对尚香公司的产品和发展方向表示了肯定；10 月参加中国国际农产品会议，省政府领导专门到尚香展位前介绍尚香；10 月 26 日，CCTV－7《每日农经》对尚香公司总经理进行了专题采访并在中央台播放；2014 年，尚香食品被省餐饮行业协会评为"江苏省十佳小吃品牌"，成为泰州市唯一一家获此殊荣的企业。2014 年 12 月 4 日，公司在上海股权托管中心挂牌，成为靖江市第三家登陆场外交易市场的靖江企业。

靖江汤包为江苏省非物质文化遗产，具有深厚的饮食文化底蕴。CCTV－3《欢乐中国行》《舌尖上的中国》和 CCTV－2《大吉大利》等专栏均予以了展示和宣传，名扬全国，盛誉各地。为光大靖江汤包这一非物质文化遗产，尚香公司设立以来，就确定了以"打造中国最具竞争力的速冻包馅食品企业和中式餐饮连锁企业，让中国美食走向世界"为企业发展目标，形成了以"科学诚信、创新求真"的企业精神，提出了"千里汤包，万里尚香""小汤包，大产业，小汤包，包文化，包尽天下汤"等广告语。企业注册了"孙尚香"商标，建立了网站，筹办了《尚香人》内部刊物，宣传企业产品，反映企业动态，传播管理信息，树立了企业良好形象。同时，狠抓内部管理与员工素质提高，建立健全了各岗位人员工作职责，各项管理与考核制度，坚持用制度管人、管事。市场竞争，就是人才竞争。公司十分重视人才引进和技术人员培养，组建有以国内著名食品专家、博士生导师徐学明教授为核心的现代食品工艺创新团队，以陈苏华、王子埕教授为核心的传统美食研发团队，以"中国营销第一人"何慕为核心的营销策划团队，为企业提供了强有力的技术支持和发展后劲。

"三零模式"，引导"面点间革命"。面对当前餐饮业招工难、用工贵的突出问题，2012 年尚香公司率先在餐饮行业内推动"面点间革命"，引导面点间进入"剪刀时代"。即通过标准化的操作，让只需要经过简单培训的厨工用一把剪刀和操作说明书，即可烹饪出与面点大师同等的高品质面点食品，在保证品质、特色、品种的基础上大大缩减了面点间的用工成本。以厨师零成本、设备零投入和原料零浪费的"三零模式"引领面点间革命，该举措经过在部分餐饮企业试点后深受好评，被中国烹饪协会赞誉为"为中国餐饮做了一件意义深刻的大好事"。同时，高品质多样化的面点，为推动"放心早餐工程"、丰富市民百姓餐桌，进入千家万户提供了保障。同时，零厨师、零浪费、低投入的"尚香面点吧"社区店具有低门槛、网点密、需求足的特色，为广大青年创业及下岗职工再创业提供很好的平台。

北京后海店　　　　北京南锣鼓巷店　　　常州君悦广场店　　　成都黄龙溪店

北京前门大街店　　北京王府井店　　　　成都洛带古镇店　　　成都文殊院店

三、利益联结机制及主要成效

尚香公司以汤包这一非物质文化遗产产品作为主导面食,已形成产业化生产规模。而产业的快速发展,不仅带动了本市和周边地区农业产业化基地和"渔、工、贸、种、养、生态休闲"经济产业链的形成,促进了农业发展、农民增收。公司螃蟹的年需求量约 500 吨,需要养殖水面约 3 万余亩,大部分由靖江市及泰州螃蟹基地提供,需要拆蟹工人约 5 万人次;年需用面粉约 2 000 吨、草鸡约 10 万只、猪皮约 35 万千克及大量时令蔬菜等。上述原料 51% 由靖江市青青生态园养殖基地提供,公司产品所需原材料全部采用国产。公司的产业化生产,不断拉伸了农副产品从种植、养殖、销售到粗加工和精加工整个产业链,激发了 3 000 余户农户的养殖热情,为数以千计的拆迁失地农民及刚毕生的大学生们提供了就业岗位,促进了现代农业集约化、规模化发展,增加了农民收入,促进了农业发展,为加快新农村建设起到重大推动作用。

靖江蟹黄汤包是一个具有明星气质的产品,尚香公司发现 70% 的顾客在食用前都会拍照然后上传到网络。为把靖江蟹黄汤包做成泰州乃至江苏旅游名片,2016 年底,尚香公司在靖江美食街新建集汤包文化、工艺展示、消费体验、礼品购物为一体的工业旅游景点——尚香汤包文博馆,以吸引更多的游客惠顾靖江、旅游江苏,获得了业界及同行的高度赞扬。文博馆专门邀请知名的旅日设计师精心设计,内容囊括了中国汤包历史渊源、靖江汤包的发展历程以及鲜为人知的靖江餐饮文化探索等,生动呈现了靖江蟹黄汤包从传统技艺向产业化的深刻变革。展览面积约 700 平方米,整个展厅将汤包元素融为一体,地面的暖色带状装饰犹如"和面",层层漾开的纹理犹如汤包的褶皱;突出多媒体体验,在笼屉造型多媒体放映区参观者可了解中国汤包的变迁和延续;微缩模型、触摸式陈展以及传统工艺实地参观等现代化手法,沿着数百米的环形路线,游客及广大市民可以知悉中国汤包文化。文博馆四楼设置了专门的汤包技艺传习所,将提供案板、面皮、馅料等,游客及广大市民在汤包技艺非物质文化遗产传承人的传授下可在现场学习包汤包、蒸汤包。参观区与体验区有机结合、相互交融,游客及广大市民既可以消费体验,又可以深入操作体验,一起探索靖江汤包精湛的烹调工艺。餐厅和博物馆有机融合将给靖江蟹黄汤包赋予新的活力和内涵。借助尚香文博馆这一平台,尚香公司顺势推出"蟹黄汤包万人传承计划",通过"听一段传奇、擀一张面皮、拆一只螃蟹、做一只汤包、来一段汤包操"活动,在温馨愉悦的学习生活氛围中使社会各阶层人员都能亲身体验传统文化技艺,并参与交流,促进传统文化技艺的传播与发扬。通过亲子活动和由各级政府牵头组织的非物质文化遗产进校园、传承人群研修研习培训等，让更多年轻人了解、学习靖江蟹黄汤包制作技艺等非物质文化遗产项目。2018 年尚香汤包文博馆被列为泰州市旅游景点，截至 2019 年 5 月，尚香汤包文博馆已经实现传承体验 3 000 余人次，接待驴友团和海外团队 30 余个，累计接待海内外游客 7 000 余人次。

2019 年 5 月，尚香公司以文化＋创意＋产品模式打造非物质文化遗产文创中心，以靖江蟹黄汤包为文化核心的衍生产业——尚香游礼对外营业，3D 打印汤包模型、汤包、螃蟹系列玩偶、无锡惠山泥人、螃蟹造型笔架，在尚香游礼，大量非物质文化遗产文创产品吸引着人们的目光。今后，尚香公司将进一步提高非物质文化遗产文创产品质量，用好旅游市场渠道这一抓手，通过优质非物质文化遗产文创产品开发提升旅游内涵、促进旅游消费，通过旅游市场打通非物质文化遗产文创产品销售渠道、扩大非物质文化遗产文创产品影响力，实现双促双赢。

四、启示

我国传统美食是中华民族的智慧结晶和宝贵财富，但由于工艺复杂、观念落后、营销模式单一，始终无法做大做强，甚至部分传统的中华老字号、中华名小吃由于经营不善正逐步走向没落，濒临失传。然而，纵观国内连锁餐饮市场，却始终被洋品牌所主导，肯德基、麦当劳、必胜客等经营得风生水起，甚至在 2008 年北京奥运会，入主奥运菜单的面点类食品也是国外舶来的汉堡包。我们在为中国食品业感到悲哀的同时，不得不反思，中国传统美食比洋快餐美味、更有营养，但在经营理念、经营模式、营销战略上已经远远落后。尚香食品以靖江蟹黄汤包的营销战略为切入点、跨越传统、创新经营、建立新模式，对推动我国传统美食行业的快速发展具有较为重要的借鉴意义。

　　近年来，江苏尚香食品有限公司在省、市相关主管部门的领导和指导下，积极抓住拥有的"靖江蟹黄汤包"这一非物质文化遗产项目在行业内的示范作用，创立集非物质文化遗产传承、设计创新、技术研发、销售体验、传习实践、投资孵化于一体的复合型非物质文化遗产创新发展平台，取得了良好的社会效益和经济效益。

江西麻姑米

> **导语：** 江西南城是一个种粮大县，是第一批国家商品粮基地县和江西省第一个"吨粮田县"。近年，由于收益不稳定、种粮卖粮难等各种原因，越来越多的农户离开乡村和田地，越来越多的田土闲置抛荒。
>
> 2018年，江西省在全国率先启动稻米区域公用品牌创建战略工程，南城麻姑米被评为江西省七大稻米区域公用品牌之一。创建项目核心龙头企业——江西麻姑实业集团有限公司（以下简称"麻姑公司"），通过创建并依托产业化联合体、大力发展优质稻订单农业、积极落实惠农政策等措施，有力地消除了农户的后顾之忧，刺激了农户改种或续种优质稻的积极性，也逐渐迎来了农户返乡重拾田土的希望。

一、主体简介

麻姑公司创始于1996年，是一家以麻姑大米和麻姑米粉为主导产品、兼营粮食仓储及产后服务与全自动化直条米粉生产设备研发制造等业务的全产业链企业，是农业产业化国家重点龙头企业、全国放心粮油示范加工企业、国家高新技术企业。

麻姑公司现有员工 500 余人，厂区占地面积 160 亩，厂房建筑面积 7 万余平方米，已建成多条具备国内先进水平的主导产品生产线和完善的粮食产后服务设施，年产米粉 3 万吨、加工大米 10 万吨，日产鲜湿米粉 40 吨、日烘稻谷 360 吨，国标储备粮库容积 10 万吨，是国内产、销规模最大的直条米粉（即江西米粉）企业和江西省最大的大米加工企业之一。2018 年，"麻姑米"跻身江西省七大稻米区域公用品牌，麻姑公司获"江西省专业化小巨人企业"称号。

麻姑公司自主研发、国内首创的直条米粉全自动化生产线已有 6 条投入生产运行，从而成为直条米粉行业新一轮产业技术升级变革的引领示范企业；麻姑公司已通过 ISO 9001 及 HACCP 国际质量、安全管理体系认证，"麻姑"为"江西省著名商标""江西名牌"，主导产品"麻姑"牌大米、米粉为"江西老字号""中国绿色食品 A 级认证"产品，畅销于国内各大中城市，远销 10 多个国家和地区，深受消费者青睐和欢迎。

麻姑米区域公用品牌核心企业除麻姑公司外还有江西水龙米业有限公司，水龙米业为省级农业产业化龙头企业，规模比较小，且正筹备改由麻姑公司控股。

二、案例特点

1. 概述 本案例发展模式可简单地概括为："区域公用品牌＋核心加工企业＋产业化联合体＋拓展销售业绩＝全产业链融合发展＋协同发展＋可持续发展"。其中，麻姑米区域公用品牌起的是引领和框架作用，核心加工企业起的是龙头和带动作用，产业化联合体起的是纽带和协同作用，拓展销售业绩则是所有工作的首要目标和根本手段，不仅要把"蛋糕"做大（提高销售量），而且要把"蛋糕"做得更加美味（提高利润率），如此才能实现全产业链融合发展、协同发展、可持续发展的终极目标，这个终极目标同时也是创建过程中的指导思想。

发展模式	"区域公用品牌＋核心加工企业＋产业化联合体＋拓展销售业绩＝全产业链融合发展＋协同发展＋可持续发展"
首要目标和根本手段	核心加工企业起的是龙头和带动作用，产业化联合体起的是纽带和协同作用，拓展销售业绩
指导思想	提高销售量，提高利润率，实现全产业链融合发展、协同发展、可持续发展

麻姑米始种于宋朝，因品质优异而被列为贡米，也是麻姑文化主要传说《麻姑献寿》《掷米成丹》的"主角"，是一个文化意义上传承千年的现

象级驰名品牌，进入现代，抚河两岸优越的自然生态环境也赋予了麻姑米绿色、优质的口碑。1959年农业部选送麻姑米至印度世界农业博览会参展，2009年获评第八届中国优质稻米博览会"金奖大米"，2018年入选江西省七大稻米区域公用品牌。

麻姑米区域公用品牌的创建，由江西省农业农村厅、财政厅给予政策指导和财政支持，由市、县政府及农业主管部门负责组织协调，光靠企业的力量很难对全产业链进行总动员，也只有政府参与、扶持，才能更多地照顾产业链上游即农户的利益，所以，区域公用品牌起的是引领和框架作用。

品牌属于无形资产，必须以产品为依托，产品任何人都可以生产，但如果没有一个强势的龙头核心企业来统一产品的标准、维护产品的声誉，并根据消费者的需求不断提质升级的话，这样的产品最终会变得鱼龙混杂、让消费者无所适从，从而被时代抛弃。核心加工企业的龙头作用就体现在它是标准的制定者和维护者，在确立了品牌的市场地位以后，才能带动产业链上下游及其标准框架下的加盟加工企业共同获利。

麻姑大米产业化联合体由麻姑公司牵头，创建于2018年8月，现已发展各类正式成员100多家、外围成员近千家，成员涵盖了从种苗供应到种植生产，再到农资农技服务、加工、销售等产业链各环节的企业、新型农业经营主体和技术专家。

该联合体是一个松散型的架构，成员之间主要通过统一的种植规范、生产加工标准及品牌授权、订单协议产生利益联结，并且分享联合体提供的资讯和服务，核心加工企业则通过联合体这个纽带联结产业链上下游并建立相对稳固的联系，通过统一稻谷品种、统一生产管理、统一收购标准、统一加工标准、统一公司销售、统一宣传推广（简称"六个统一"）对上下游及加盟加工企业进行协同。

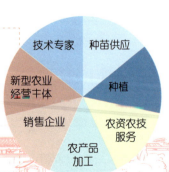

麻姑大米产业化联合体

麻姑大米产业化联合体由麻姑公司牵头，创建于2018年8月。

该联合体是一个松散型的架构，成员之间主要通过统一的种植规范、生产加工标准及品牌授权、订单协议产生利益联结，并且分享联合体提供的资讯和服务，核心加工企业则通过联合体这个纽带联结产业链上下游并建立相对稳固的联系，通过统一稻谷品种、统一生产管理、统一收购标准、统一加工标准、统一公司销售、统一宣传推广（简称"六个统一"）对上下游及加盟加工企业进行协同。

技术专家　种苗供应　种植　农资农技服务　农产品加工　销售企业　新型农业经营主体

拓展销售业绩，一是通过有力的宣传推广与营销活动，做大销量；二是通过产品提质升级，抢占中高端市场，提高总体赢利水平。销量上去了，才需要更多的原粮，需要发展更多的种植户；赢利上去了，才能提高稻谷收购价格反哺产业链上游，核心龙头企业也才能做大做强，带动全产业链协同发展。

2. 发展策略

（1）**发展优质稻订单农业，建立稳定优质的粮源供给。** 2019 年，麻姑公司发展 23.11 万亩优质稻订单，主要品种为外引 7 号、926、野香优 2 号 3 个市场表现比较好的品种，稻谷品质达到协议标准就保证收购，且加入了联合体的种植户享受高于市场价 5％收购的惠农政策。

"种粮难卖粮难"的一个原因，农户不知道该种什么品种的稻谷，可能这个品种上一年卖得不错，于是大家都改种这个品种，结果供大于求、市价下跌导致亏损。现在，企业给农户吃上了"放心丸"。

溢价收购则是为了巩固利益联结，确保种植户按照协议供应稻谷。2018 年，上述 3 个品种收购价分别达到 3.12 元/千克、3.32 元/千克、2.9 元/千克，均高于市场价 5％以上，对比国家保护价溢价幅度达到 15％～30％，农户切实增收，加入联合体、签订订单、改种或续种优质稻的积极性高涨。

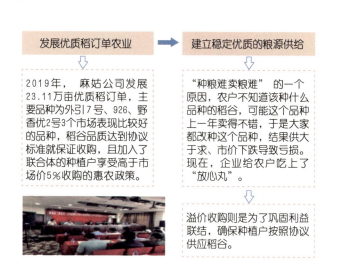

（2）**依托产业化联合体，落实惠农政策并做好涉农服务。**

一是通过产业化联合体制定系列规范、标准。包括：《麻姑米标准化生产栽培技术方案》《麻姑米》（Q/MG0002S—2018）、《麻姑贡米》（Q/MG0003S—2018）、《加盟企业授权标准及管理办法》《麻姑米统一销售管理办法》等。

其中，《麻姑米标准化生产栽培技术方案》主要针对种植户，目的是确保其种植产品达到麻姑公司的收购标准。

二是通过产业化联合体落实系列惠农政策。例如，高于市场价或保底价收购，按种植面积给予优质稻种植补贴（每亩 50～70 元），免费发放优质稻种（外引 7 号、926 合计 25 万千克稻种）等。

三是建立官网 App、微信群等交流平台。聘请江西农业大学、江西亿发姆农业发展有限公司等单位专家入驻平台，随时为联合体成员中的种植户提供技术指导和咨询服务。

四是建立健全粮食产前、产后服务体系。投资 400 余万元的"麻姑米"区域公用品牌育秧工厂已在建设中，预计将于 2020 年春季投入使用，可满足 50 万亩以上田地的育秧需求。农户交售的稻谷，干、湿都收，并以成本价提供清杂、低温烘干、恒温代储等产后服务。

依托产业化联合体　→　落实惠农政策并做好涉农服务

通过产业化联合体制定系列规范、标准

通过产业化联合体落实系列惠农政策

建立官网App、微信群等交流平台

建立健全粮食产前、产后服务体系

（3）发挥龙头企业核心作用，产品及产研体系全面提质升级。拓展销售业绩，首先必须有好的产品，从原粮到加工、调配再到包装，每一个环节，都达成质量控制目标，最终的成品才能令人满意。

一是组建具备先进水平的大米检测及产品研发专业团队，全过程严把品控关的同时，配合新包装设计团队，连续推出 8 款新产品。

二是加工设备全线升级改造，麻姑公司及其品牌加盟企业的加工生产设施均达到国内先进水平，且 80% 以上产能实现全自动化生产和全自动化无菌包装，最大限度减少生产过程中的二次污染。

三是主攻中高端市场，开展绿色食品、有机产品和国家地理标志产品认证，努力提升品牌形象，在巩固现有销售渠道的同时，以中产消费者为主攻对象，进而提高销售利润。

四是建立全程覆盖的农产品质量安全管控和追溯体系，目前绿色、有机示范种植基地和厂内仓储、加工、包装、物流等各环节已纳入管控和追溯体系。

发挥龙头企核心作用 ➡ 产品及产研体系全面提质升级

1　　组建具备先进水平的大米检测及产品研发专业团队，全过程严把品控关的同时，配合新包装设计团队，连续推出8款新产品。

2　　加工设备全线升级改造，麻姑公司及其品牌加盟企业的加工生产设施均达到国内先进水平，且80％以上产能实现全自动化生产和全自动化无菌包装，最大限度减少生产过程中的二次污染。

3　　主攻中高端市场，开展绿色食品、有机产品和国家地理标志产品认证，努力提升品牌形象，在巩固现有销售渠道的同时，以中产消费者为主攻对象，进而提高销售利润。

4　　建立全程覆盖的农产品质量安全管控和追溯体系，目前绿色、有机示范种植基地和厂内仓储、加工、包装、物流等各环节已纳入管控和追溯体系，种植户自主经营的订单基地也将逐步展开。

（4）宣传推广同步网点建设，拓展销售业绩实现可持续发展。

一是配合新产品上市启动宣传推广工作，根据市场定位将广告投放重点放在高铁、地铁、公交站台及车身上，并在南昌、福州成功召开了两场麻姑米区域公用品牌暨系列产品推介会，央视、《经济晚报》《农民日报》等各大媒体予以报道，还现场签约了20多家经销商。

二是布局本省昌抚两大主攻市场及闽粤浙等主销区，建立了70多家麻姑品牌线下旗舰店，积极签约大型连锁超市，并辅以新的销售政策，鼓励麻姑米粉遍布全国的经销商搭售麻姑大米。

三是针对绿色食品、有机产品主要受众的消费特性，扩大电商平台投入，在各大平台增设麻姑品牌线上旗舰店以外，积极开展宣传推广和促销活动。

四是力争在机关、学校食堂用米方面取得突破，除市、县政府支持向本地机关、学校食堂进行推荐以稳固麻姑米销售的基本盘外，还在广东、福建两省各签约一家主营食堂用米的经销商。

公用品牌推介会

一年来，麻姑米总计实现销售额 10.85 亿元，相对开展区域品牌创建之前提高了 1.82 亿元，且利润率也有较大的提高，平均出厂价从 5 600 元/吨提高到 8 700 元/吨，基本能够弥补建设发展基地、惠农政策收购、生产研发体系升级、销售网点建设等方面的投入。

三、利益联结机制

2018 年 8 月，由麻姑公司、水龙米业联同业绩优良的经销商参股，成立了江西麻姑米区域品牌营销有限责任公司，所有麻姑米全部由该公司进行总营销，该公司与经销商、品牌旗舰店、电商平台等销售单位及麻姑公司等加工企业的利益联结按商业模式进行。

原粮种植订单收购基地的管理和利益联结机制是一个品牌引领、多种模式并存的格局，有"企业＋农户"模式，也有"企业＋合作社（家庭农场或种粮大户）＋农户"和"加工企业＋农资农技服务企业＋农户"模式，还有"企业＋合作社＋贫困户"的模式。

"企业＋农户"模式主要适用于自营种植基地，如麻姑公司在南城县徐家镇陈家村的麻姑米区域公用品牌万亩核心示范绿色种植基地，该基地核心区 6 000 亩全部通过土地流转将经营权转归麻姑公司，种植规划、生产流程均由公司基地管理部承担，农户作为聘请的员工参与种植生产有关工作，按月享受务工报酬以外，土地流转金及政府相关种植补贴也是他们的收入来源。

这种模式农户承担风险最小、收益最稳定，但是企业投入资金非常大，拓展不易，此类基地总面积约 1.5 万亩。"企业＋合作社（家庭农场或种粮大户）＋农户"模式，主要存在于协议订单基地，即麻姑公司与合作社等新型农业经营主体签订订单种植及收购协议，协议规定种植品种、收购标准、种植面积、收购数量、收购价格等内容，企业仅派出技术人员提供指导、咨询服务，种植生产全过程由协议另一方负责。

这种模式涵盖的范围比较广，基地总面积约 20 万亩，但是企业参与度不高，想要从源头上把控原粮品质就必须大面积建设监管追溯体系，牵涉的资金量非常大，暂时还不具备条件。

"加工企业＋农资农技服务企业＋农户"模式：加工企业（即麻姑公司）与农资农技服务企业签订种植收购协议，基本不参与种植生产过程管理；农户只提供土地和少量劳力投入，与农资农技服务企业签订种植收购协议并向其赊购农资（种苗、肥料、农药等）及农技服务（机耕机播、飞防、机收、清杂、烘干等），收获后，农资农技服务企业（扣除赊销费用）统一收粮再交售加工企业。

这种模式农户投入最小，风险不大，收益也相对稳定，但收益率总体不高。因为农资农技服务企业垫资必然有资金回报率的考虑，适合进城打工或陪读的农户"兼职"。另外，具备这种资金实力的农资农技服务企业也不多，目前麻姑公司只跟两家此类企业签约，种植面积合计1.2万亩。

"企业＋合作社＋贫困户"模式，是指2019年响应本地脱贫攻坚号召，麻姑公司与各乡镇政府、银行、农业及扶贫主管部门共同参与对全县所有特殊贫困户共计274户636人进行产业扶贫，从而衍生出来的一种新模式。由11个乡（镇）组织吸纳本地所有失能、弱能贫困户成立11家合作社（乡镇派出干部担任合作社法人但不享受分红），再由合作社出面向银行申请扶贫专项贷款（490万元）用于流转耕地（1500亩，3年）并购置种苗肥药等生产资料。合作社与麻姑公司签订利益联结协议，将流转的耕地等生产资料交给麻姑公司进行托管经营，麻姑公司则以之发展规模化种植生产，收获并加工成大米或米粉进行销售后，提取部分利润用于偿付贷款并通过合作社给贫困户分红（确保平均每户年收不低于3000元）。

经测算，1500亩耕地每年收获的稻谷加工成麻姑米、麻姑米粉，总收益约为420万元，扣除种植生产、加工销售成本，并逐年偿付贷款本金和利息，再按户均3000元分红，还有10万～20万元盈余，贫困户实际分红可达每户3500元以上，所以，这种模式可持续性很强，对企业来说，更大的收益在于促进了区域公用品牌创建、扩大了品牌的影响力，也是值得积极推进、努力推广的。

2018年，麻姑公司订单面积总计23.11万亩，带动和辐射农户共计24823户，增加农民收入5472万元，户均增收2204元。

四、主要成效

1. 农户大面积受益，专注粮食种植的农户增多，并且出现了进城农户回流乡村重拾撂荒田地的情况 农户受益主要来自优质稻种植补贴、全程技术指导和惠农政策收购，比较大范围地实现了"种粮无忧"。

"企业＋农户"直营基地模式，农户实际就是直接为麻姑公司基地管理部工作，平均收入略低于进城务工，但不需要承担房屋、物价等方面的生活成本，还能照顾留在乡村的老人和小孩。

"企业＋新型农业经营主体＋农户"模式，这种情况经营主体收益最大化，且市场风险主要由调控能力大得多的企业承担，也正是在这种情况下，2019年出现了一些回流乡村承包撂荒土地的农户。

"加工企业＋农资农技服务企业＋农户"模式，农户收益最小，胜在投入也最少，而且非常省事，"只要一部手机就能把田种好"，大部分工作由专业技术人员和专业农机设备承担。

2. 加工企业总体面貌更上台阶，销售和盈利增长　第一是获得了相对稳定、优质的粮源供给，产品品质总体提高，并带动销售和盈利增长。第二是业务方面有所拓展，2016年以来江西多家大米加工企业出现产能过剩的情况，2018年下半年至2019年麻姑公司下属大米加工厂（南城麻姑米业有限公司）和麻姑米品牌加盟加工企业的产能利用率大多达到了90%以上。第三是企业总体面貌更上新台阶，技术装备水平、产销盈利能力、人才资金集聚效果都有了比较大的提高。

3. 销售端最先享受品牌做大做强的红利　麻姑米营销公司建立了越来越强大的营销团队，正在成为麻姑公司旗下赢利能力最突出的子公司。大部分经销商反映，"麻姑米更好卖了"，同时，如南昌万正商贸、江西赣源商贸等经销商在麻姑公司的扶持下，正逐步成长为当地具有重要影响力的大米总经销商。

总体而言，麻姑米区域公用品牌创建以来，各方面都取得了比较好的成绩，做到了全产业链总动员、全产业链共受益，麻姑米正在向着成为国内一流大米品牌迈进。但也存在一些问题和困难，主要有以下三个方面。

一是限于基础，核心企业能够调动的资金量总体不大，反映在销售上增速还不够快、增量还不够大，反映在原粮订单上，不仅难以扩大直营基地面积，而且难以做到大面积全程质量安全管控。

二则宣传推广与销售活动结合不够紧密，促进作用不够明显，存在各做各的情况。

三则政府作用过于强势，有些扶持政策存在无视市场现实情况的问题，龙头企业的核心作用没有充分发挥。

五、启示

实践证明，乡村产业发展、特别是粮食种植产业，在区域公用品牌创建工作的引领下，仍然大有可为。

繁荣乡村，首先必须让农户能够安居乐业，只有产业发展起来了，能够获取总体不输于进城打工的收益，农户才会逐步回流，重拾撂荒的田土。

政府扶持主导、企业发挥核心作用、农户积极参与，全产业链总动员，才能改变现状，才能把区域公用品牌做大做强，然后才能全产业链受益。

湖南紫金茶

导语： 位于湖南中部、盘依雪峰山东南麓的国家革命老区县、扶贫开发工作重点县、文化旅游资源大县——新化县，立足于自身资源禀赋和优秀传统文化，主攻"新化红茶"品牌建设，做新、做活、做强了茶叶这个传统优势产业。2018年，新化红茶以"条索紧实、橙红明亮、甘鲜醇爽、蜜香悠长"的特色，成功注册国家地理标志证明商标，并荣获湖南十大名茶称号；全县共有茶叶生产企业17家，其中，省级龙头企业2家，市级龙头企业4家，共注册红茶商标30余个，12个品牌先后获中国（中部）湖南农业博览会和湖南茶业博览会金奖；2018年末，全县茶园总面积达到7.58万亩，茶叶产量4 700吨，总产值4.58亿元，综合产值7.2亿元，其中，全县贫困户自主发展茶叶产业的有469户、1 352人，每年在茶叶企业参与茶园管理、采摘、加工、包装的贫困人口达1.5万余人。茶叶产业已经成为新化县域经济和贫困户脱贫致富的支柱产业。而在新化红茶品牌建设中，书写了浓墨重彩的一笔是湖南紫金茶叶科技发展有限公司。

一、公司简介

湖南紫金茶叶科技发展有限公司（以下简称紫金公司）位于新化县奉家镇AAA级景区渠江源，成立于2014年1月。5年以来，紫金公司先后投入资金3 000余万元，以茶叶产业为依托，以品牌建设为先导，将茶叶全产业链建设，茶文化、梅山文化传承推广及生态旅游有机结合，成功打造"渠江红"红茶、"渠江贡"绿茶品牌系列及渠江源"紫金山庄"、渠江源"茶文化主题公园"、渠江源"茶溪谷景区"等旅游品牌，走出了一条茶旅融合发展、企业与百姓共同致富的乡村振兴之路，董事长罗新亮被评为湖南省2018年"百名最美扶贫人物"。公司现有原生态茶叶基地3 000余亩（其中，生态观光贡茶园500余亩），带动周边上千农户自主发展茶园5 000亩，形成了8 000余亩集中连片的优质茶园，获"全国三十座最美茶园"和"湖南省十大最美茶叶村"荣誉称号；建有占地4 000平方米的现代化茶叶加工厂1座，日产红茶500千克、绿茶250千克，配套茶艺中心、茶文化展示中心、茶叶销售中心；建有精制手工作坊1处；拥有特色民宿 3 栋，可同时容纳 150 人食宿。"渠江红"红茶和"渠江贡"绿茶品牌连续 3 届荣获国家茶叶博览会和茶祖神农杯金奖，茶叶品牌及生产基地获农业农村部"绿色食品"认证；2019 年，"渠江红"还获"湖南红茶十大企业产品品牌"及"湖南省我最喜爱的绿色食品"称号；渠江源"紫金山庄"民宿体验区、渠江源"茶文化主题公园"、渠江源"茶溪谷景区"吸引了全国各地游客前来观光体验。2018 年，公司茶叶产销量达到 325 吨，茶旅综合收入 2 800 多万元。

二、模式简介——"创世界品牌，树百年企业"

著名"定位之父"艾·里斯曾经说过："中国最有可能出世界顶级品牌的就是茶叶。"湖南紫金茶人，正是怀揣着"创世界品牌，树百年企业"这一梦想，以"资源立业、文化活业、品牌兴业、大众强业"为理念，实行"公司＋合作社＋基地＋农户"和"订单收购＋定向用工＋技术支持＋利益共享"模式，在短短的 5 年时间，将公司从创办于边远山区的小企业到发展壮大成为当地龙头企业再到所创品牌走出省门、走向全国，虽然离梦想还有很长的距离，但这一历程，见证了中国乡村品牌所具有的前景和爆发力，对全国乡村振兴战略的实施，也许能够提供一点借鉴和启示。

1. 资源立业——深挖当地资源禀赋与传统文化
发展的道路千万条，找寻优势突出特色是首条。湖南紫金公司"茶旅融合"的发展方向不是凭空臆想，而是在通过对当地的资源和文化进行充分了解和挖掘，对当前市场和政策进行充分调研讨论的结果。

一是有资源有基础。新化县奉家镇的渠江源地区，森林覆盖率达95％以上，这里山高谷深、云雾如海、风清气润，无任何污染，土壤属板叶岩，土层深厚、肥沃，富含硒等有机元素，生产的茶叶全氮量、氨基酸含量高，香高味浓、鲜醇带甘，经久耐泡，是四朝贡茶（渠江薄片、奉家米茶、土贡茶、土贡芽茶）产地，境内至今有树龄达 200 余年的古茶树20 多棵。1915 年，渠江源提供原材料制作的新化宝泰隆红茶荣获巴拿马世界博览会最高荣誉奖，1984 年，湖南省农业科学院茶叶研究所、新化县农业局在渠江源研发的"月芽茶"被商业部评为"中国十二大名茶"之一。

二是有历史有文化。渠江源地区毗邻紫鹊界 AAAA 级景区，不仅有深厚的稻作文化和神秘的梅山文化，茶文化也源远流长。五代蜀（935 年前后）毛文锡《茶谱》载"潭邵之间（新化县境内）有渠江，中有茶……其色如铁，而芳香异常，烹之无渣也。"境内有多处古茶亭和石碑及关于茶的种种传说，其中，张果老在蒙洱冲鏖字岩上留有"茶"字的传说为人传颂，该地老百姓有户户种茶、制茶、以茶待客的传统习惯。

三是有政策有市场。近年来，党中央、国务院已经把"三农"建设上升到国家战略层面，"小康不小康，关键看老乡"，农村的发展和振兴，成为实现"三步走"的关键环节，国家对农村建设的投入越来越大。同时，随着人们生活水平的提高，对优美的自然环境、原生态的各式产品和传统文化的需求与日俱增。

通过对以上的深入分析和探讨，紫金公司定下了"创世界品牌，树百年企业"的目标和"以茶叶产业为中心，以旅游和文化为两翼"的茶旅融合发展思路。

2. 文化活业——茶旅融合书写今古传奇　在茶旅融合发展模式上，紫金公司突出了传统与现代相结合，将文化元素注入每一份产品和每一个细节，力求达到古今相映成趣的效果。

（1）茶的古今。

① 鉴赏式纯手工古茶。通过精心保护与培育，现存的百年古茶树已焕发出新的生机，不仅成为见证渠江源茶叶悠久历史的"活化石"，还对其进行了新的开发，即对古茶树采摘的鲜叶，采用当地代代相传的纯手工古朴制茶工艺，制成极其珍贵的"渠江红"典藏品，每年只能产15千克左右。

② 体验式手工茶。紫金公司建有手工作坊一处，供游客参与和体验，并可免费带回。

③ 观光式现代化机械茶。对生态茶园基地，紫金公司进行了品种改良，实行规模化集约化管理和培育，并建设了两条日产红茶500千克、绿茶250千克的全自动化茶叶生产线，达到了规范化、清洁化、标准化生产。

（2）旅的古今。

① 生态景区与生态茶园。在渠江源"茶溪谷"生态景区，踏着蜿蜒石板小路溯溪上行，一路可见潺潺溪水、密集古树、高山瀑布、古朴茶亭，没有任何人工雕琢和开发的迹象，是人们放松心情、享受宁静的绝佳去处；而紫金公司的500亩观光生态茶园，青葱翠绿，在层叠的梯土间若条条挥舞的绿带，间或有俏丽的采茶姑娘，十指翻飞，梅山情歌在空中余音袅袅。

② 传统民宿美食与文化。紫金公司建有传统民宿"紫金山庄"，采用当地木料，干栏式板屋建筑风格，入门是一溜长廊品茶去处，星月当空、清风拂面，与当地山水和人文融为一体。提供本土柴火腊肉、泉水冻鱼、雪花丸子、土畜土禽、生态彩色米、有机蔬菜等传统美味。同时，在节假日，还有长龙宴、草龙舞、傩戏、梅山歌等极具风情和地方特色的文化表演。

③ 现代化的企业管理。在旅游方面，紫金公司以"古"经营为主，高薪引进各类人才，实施规范化、现代化的企业管理，切实保证食品安全和服务质量。

3. 品牌兴业——吾家有女初长成 品牌是一个企业的生命，自创办以来，紫金公司怀揣"创世界品牌、做百年企业"的梦想，把品牌建设作为企业生死存亡的关键环节来抓。目前，公司已成功打造"渠江红""渠江贡"生态茶、渠江源"紫金山庄"民宿体验和渠江源"茶文化主题公园"三大品牌，在省内外享有一定的知名度和美誉度。

从提供质优价廉的产品和服务着手品牌建设。"顾客就是上帝"，品牌的最终成功，需要市场的认可。紫金公司从3个方面发力，初步树立起渠江源系列品牌尤其是"渠江红"红茶品牌：一是保证生态环保，提供放心产品。茶园培植采用纯手工，全程绿色防控，不施化肥、不打农药；茶叶采摘采用纯手工，保证质地、品相与卫生；茶叶制作全程监控，保证质量、火候与口感；食材采用本土定点供应，不用饲料、不用添加剂。二是寻求科技力量和技术支持，不断提高产品的质量和保健功能。为了进一步提高红茶的质量，紫金公司与湖南省农业科学院茶叶研究所签订了长期合作协议，并从福建等地请进高级制茶专业人员，在传统制茶方法的基础上，不断进行研制和改进，提高茶多酚、茶黄素、茶红素及氨基酸、维生素含量，使红茶达到健胃消食、生津清热、消炎杀菌、美容养颜和降低心肌梗死发病率的功能。三是引进现代化生产线和经营管理，不断降低成本。紫金公司的品牌不仅仅走高端路线，还想打入潜力巨大的平民消费市场，让"渠江红"系列走进千家万户。通过引进现代化生产线和现代企业经营管理，向科技要效益、向管理要效益，不断降低成本，降价不降质，使紫金公司产品的价格相比市场同类产品要低5%左右。

用心呵护品牌，绝不急功近利。紫金公司深知，自创的品牌虽有了一定市场份额，但它还如一个及笄少女，需要细心呵护，遵循自身的规律发展壮大，不得拔苗助长。董事长罗新亮曾半开玩笑说：虽然吾家有女初长成，但我还要护她一生周全，让她不断成长、成熟，走出国门，走向世界。因此，紫金公司对每一片茶叶、每一份产品，从种植、培育到采摘、制作到储藏、销售，自始至终，都一丝不苟，不敢有半点马虎。

4. 大众强业——党员企业家的情怀与担当 紫金公司董事长罗新亮原是体制内人，虽早已辞去公职，但他依然是一名共产党员，时刻牢记着共产党人的使命和宗旨。同时，多年的工作经验让他明白了一个道理：任何时候，都要紧紧依靠人民群众的力量。因此，自公司创办伊始，通过"公司＋合作社＋基地＋农户"和"订单收购＋定向用工＋技术支持＋利益共享"等多种模式的利益联结方式，依靠着百姓，带领着百姓、帮扶着百姓。

（1）通过利益联结带动百姓致富。

① 土地流转入股共同发展。紫金公司流转村民土地发展茶园 2 500 亩，每年支付土地流转费用 75 万元以上。组建渠江源村、百茶园村、瑶家村等茶叶种植专业合作社，紫金公司和专业合作社建立健全各项利益分配制度，鼓励入社社员以资金或土地入股，年终按股份分红。目前，有社员 360 户，股东 215 户。2018 年，社员人均收入 6 000 余元，其中，6 户贫困户以务工工资入股共计 50 万元，每年保底分红 10％以上，每年可分红利 5 万元以上。

② 订单收购带动发展。紫金公司的茶叶加工基地，通过茶鲜叶"订单收购"，带动上千农户自主发展茶园，形成了 8 000 亩集中连片的优质茶叶种植基地，年产值上亿元；公司的紫金山庄特色民宿餐饮基地，面向农户收购本土食材，提高了周边农户种植和养殖新鲜食材的热情和效益。

③ 定向用工解决就业。紫金公司茶园的培育、工厂的生产、民宿的经营等劳动用工，都采取本土招聘、免费培训、定向上岗的模式，紫金公司成立以来共解决就业岗位 56 个，灵活就业人数 300 多人，其中，贫困人员 125 人。

④ 三产融合促进创收。随着旗下品牌知名度的逐步提高，前来旅游度假的人数日益增多，紫金公司在保证服务质量的前提下，将富余的客源分流至附近的农家乐，带动周边各具特色的农家乐如雨后春笋般崛起，至 2018 年底，紫金公司周边的农家乐已达 25 家，其中，年收入上 10 万元的有 10 家，一批农户迅速踏入了致富行列。

（2）通过直接帮扶促使百姓脱贫。对于各种原因致贫返贫的贫困户，紫金公司通过直接帮扶的方式，与 259 个贫困户签订帮扶合同，"一代二免三优"定向帮助贫困户精准脱贫。

一代管：紫金公司将 533 亩丰产期茶园，划分为 259 份，交给渠江源、瑶家、横南、向北、毛家 5 个村的 259 个贫困户共 1 002 个贫困人口长期代管，每户代管 2 亩左右，人均代管 0.53 亩，所产鲜叶归贫困户所有，紫金公司无条件保底收购。

二免费：帮助贫困户自己发展茶园，紫金公司免费提供苗木、肥料等；为贫困户免费提供茶叶种植、修剪、施肥、采摘等技术培训。

三优先：优先劳务用工，在 259 个贫困户中优先录用 6 人为公司长期员工，其他临时用工同等条件下优先聘用；优先收购，贫困户自己发展的茶园所产鲜叶，紫金公司以高于非贫困户每千克 2 元的价格，无条件优先收购；优先帮扶，紫金公司无偿帮扶 1 002 个贫困人口每人每年 500 元，到 2020 年为止连续帮扶 3 年。

5. 宝剑锋从磨砺出——一切困难都是纸老虎 在紫金公司的发展过程中，遇到了这样或那样的困难，但是，"船到桥头自然直""办法总比困难多"，紫金人正是用这种不折不挠和乐观向上的英雄气概，用聪明、勤劳和诚信，慢慢化解。

资金短缺。紫金公司的前期投入都是靠股东个人出资，随着规模日益壮大，资金问题尤其突出。但因紫金公司扎实创业、踏实做事，拥有了诚信金牌，通过多渠道筹措，资金问题有所缓解：一是招收当地老百姓以土地、劳力或资金入股；二是吸引其他企业或个人投资入股；三是钻研政策争取项目支持。

人才短缺。"越是发展，越是觉得单凭几个人已力不从心"，董事长罗新亮发出感慨，为此，紫金公司不惜重金，从全国各地引进技术和管理等紧缺人才。"如果政府能够在企业特别是农业企业人才引进方面出台一定的优惠政策，对我们将是重大利好"，罗新亮充满了期待。

营销乏力。品牌有了一定知名度，但要把日益丰富的产品全部推销出去，面临着不小的难度。紫金公司从 3 个方面进行了努力：一是安排专人在全国各地进行产品参展，进一步提高知名度的同时，学习他人的经验。二是利用"互联网＋"开拓电商市场，紫金公司与电商合作，在广州、长沙、上海等城市建立电商销售和网商平台，实行线上线下同步销售，并开设专门的免费培训班，让群众利用互联网在家门口就能把产品卖出去。三是与文印人合作，将产品推向全国各地。新化县被称为"文印之都"，据初步统计，新化文印人在全国拥有大小门店 6 万余个，从业人员 20 余万人，占国内文印 70％以上份额。紫金公司与文印协会合作，专门推出"文印红"红茶，借此力量推向全国。

三、利益联结机制

紫金公司通过鼓励当地百姓入股、订单收购、定向用工、业务合作、直接帮扶等方式，将紫金公司的整体利益和老百姓的个人利益紧密地结合在一起。一方面，极大地带动了当地农民脱贫致富的热情，为他们指明了方向、传授了方法，并取得了显著效果。据统计，紫金公司通过指定的 259 户 1 002 人代管茶园 533 亩，人均可得收入 3 570 元，加上无偿帮扶每个贫困人口每年 500 元，每个贫困人口年收入达到 4 070 元，1 002 个贫困人口年总收入超过 400 万元；通过订单收购鲜茶叶和新鲜食材、定向用工、发展农家乐等，吸引了大批外出务工的人员返乡参与和创业，带动周边村民每年增加收入 700 余万元，实现了农民兄弟"在家门口就业致富"

资源立业——深挖当地资源禀赋与传统文化	• **有资源有基础**　新化县奉家镇的渠江源地区，森林覆盖率达95%以上，是四朝贡茶产地，境内至今有树龄达200余年的古茶树20多棵 • **有历史有文化**　渠江源地区毗邻紫鹊界AAAA级景区，不仅有深厚的稻作文化和神秘的梅山文化，茶文化也源远流长 • **有政策有市场**　近年来，党中央、国务院已经把"三农"建设上升到国家战略层面，对农村建设的投入越来越大
文化活业——茶旅融合书写今古传奇	• 鉴赏式纯手工古茶 • 体验式手工茶 • 观光式现代化机械茶 • 生态景区与生态茶园 • 传统民宿美食与文化 • 现代化的企业管理
品牌兴业——吾家有女初长成	• 从提供质优价廉的产品和服务着手品牌建设 • 用心呵护品牌，绝不急功近利
大众强业——党员企业家的情怀与担当	• **通过利益联结带动百姓致富**　土地流转入股共同发展；订单收购带动发展；定向用工解决就业；三产融合促进创收 • **通过直接帮扶促使百姓脱贫**　对于各种原因致贫返贫的贫困户，公司通过直接帮扶的方式，与259个贫困户签订帮扶合同，定向帮助贫困户精准脱贫
宝剑锋从磨砺出——一切困难都是纸老虎	• **解决资金短缺问题**　招收当地老百姓以土地、劳力或资金入股；吸引其他企业或个人投资入股；钻研政策争取项目支持 • **解决人才短缺问题**　从全国各地引进技术和管理等紧缺人才 • **解决营销乏力问题**　安排专人在全国各地进行产品参展；利用"互联网+"，开拓电商市场；与文印人合作，将产品推向全国各地

发展模式

的梦想。另一方面，紫金公司的发展赢得了当地百姓的大力支持，初步树立起了一个企业的群众口碑，为公司进一步发展壮大奠定了坚实的基础。

　　公司通过鼓励当地百姓入股、订单收购、定向用工、业务合作、直接帮扶等方式，将公司的整体利益和老百姓的个人利益紧密地结合在一起。
　　通过订单收购鲜茶叶和新鲜食材、定向用工、发展农家乐等，吸引了大批外出务工的人员返乡参与和创业，带动周边村民每年增加收入700余万元。

利益联结机制

四、主要成效

紫金公司打造的品牌，体现了"望得见山、看得见水、记得住乡愁"的全部内涵，其带来的成效正在不断凸显。经济方面，通过茶产业的主导发展，拉动了旅游、交通、运输、包装、制造、服务等多业发展，不仅带动了当地百姓的脱贫致富，而且为当前极为薄弱的镇域经济和村级集体经济注入了活水，使得当地政府和基层组织能够有更多的财力来服务民生，让农村百姓有更多的获得感和幸福感；社会方面，为乡村企业发展产业提供了范本，有力推动了传统农业向高效、特色、高产方向发展，并影响和更新了农民的思想观念，极大地激发了能人志士下乡创业的激情，为乡村振兴战略的顺利实施赢得了广大人民群众的衷心拥护；生态方面，通过茶园的种植、景区的保护、产品的原生态开发，进一步提高了渠江源地区的森林覆盖率和空气负离子率，使当地自然景观更加美丽、空气更加清新，生态环境得到了进一步的保护和涵养，促进了生态效益的可持续发展；文化方面，"老树发新芽"，通过对传统文化进行保护、传承、挖掘、创新和展示，抢救了特色民俗文化，维护了当地百姓永续发展的根脉。

五、启示

紫金公司的品牌建设之路，距其所定目标，还只是万里长征走出的第一步。但对于一个从边远乡村走来的企业，其在品牌建设过程中的经验和做法，可以提炼出几点启示。

1. **必须有好的政策**　好的政策是东风，顺势而上，可四两拨千斤。因此，必须学政策、懂政策、钻政策。

2. **必须实行差异化发展**　市场最忌一哄而上，应该根据自身实际，因地制宜地发展产业，突出特色，创建品牌。

3. **必须视品质如生命**　品质永远排在第一位，在艰苦创业阶段，需要品质，在迅速扩张甚至一路凯歌时，更需要强调品质。绝不能为了眼前利益而牺牲长远发展。

4. **必须有领头雁**　由于小农经济思想和眼光的制约，广大农民群众在市场面前无力应对，应该大力培养致富能手，培育示范企业，通过企业和能人的示范和带动效应，以产业发展来促进乡村振兴。

5. **必须紧紧依靠人民群众**　能人的培育和企业的发展，应该争取广大百姓的支持，做到不与民争利，而与民共富，才能形成良性循环，相互促进。

第六章　综合类品牌

奉贤黄桃

导语：奉贤黄桃始于20世纪70年代末期，由上海市农业科学院庄恩及研究员主持，利用含隐性基因的异质白肉水蜜桃杂交育成"沪401"黄桃。1979年，在奉贤县光明公社、金汇港两滩涂上试种示范，种植面积102亩。1984年，"沪401"黄桃命名为"锦绣"黄桃。2003年，"锦绣"黄桃通过国家林木品种审定委员会审定，是奉贤黄桃的主栽品种。上海市农业科学院林木果树研究所叶正文研究员率领的黄桃育种团队，针对奉贤黄桃的品种特性和市场鲜食黄桃的需求，有计划地开展了黄桃品种的系统选育，研发推广的鲜食黄桃新品种不断涌现。1997年，光明镇又从市农科院引进早熟黄桃"锦香"，"锦香"黄桃于2006年通过国家林木品种审定委员会审定；2003年，又先后从市农科院引进"锦园"和"锦花"。自此，奉贤黄桃的栽培品种有"锦香""锦园""锦绣""锦花"4个，成熟期从6月下旬到9月中旬，鲜果上市持续100余天。

一、主体简介

青村镇以特色黄桃种植、旅游建设为重点。根据奉贤区城市规划设计要求青村镇在未来几年计划落实连片的万亩特色黄桃优势区，以及与一二三产业融合发展相配套的万亩蔬菜生产保护区、万亩以黄桃采摘为引领的特色农业产业区（包括樱桃及火龙果采摘、花卉观赏等特色农产品）的"三区"划定；落实现代农业集约化管理、机械化生产、规模化种植；落实以"精品村"为主导的集休闲、旅游、住宿为一体的规模型田园综合体。

奉贤黄桃是黄桃中的独特品种，是上海市奉贤区特产和中国地理标志保护产品。1986年至今分别荣获上海市科技进步奖一等奖、"全国百家特产乡镇"和"中国黄桃之乡"称号；被列为全国科普惠农兴村基地；被评为上海市名牌产品，而后获得国家质量监督检验检疫总局和农业农村部"地理标志产品"和农产品地理标志，2017年又被评为最受消费者喜爱的中国农产品区域公用品牌。

青村镇拥有最知名的桃园果乡，是全市最大规模的黄桃种植乡镇。2019年，青村镇奉贤黄桃种植面积6 643亩，共有种植户2 754户，分布在全镇22个村，集中片区在解放村、工农村、湾张村、吴房村。奉贤黄桃年平均亩产量1.4吨，总产量近万吨，直接经济收入近亿元，是桃农致富的摇钱树。

二、模式简介

1. 模式概括 十字水街、百里桃花、千顷良田、万亩绿林映射青村镇农业的自然禀赋。结合生态休闲旅游，青村镇三十里桃蹊贯穿桃林与村落，展现出奉贤农村地区社会经济发展的新高度。全镇农林绿化32%的面积属市级、区级生态廊道；河湖塘浦交错纵横，多样的河网水系让青村镇有江南水乡小镇之称。在保持田园风光、绿色生态的前提下，实现生态农业与旅游业的整合，促使农村产业结构全面调整，形成新型农业生产、生活、体验和乡村旅游结合的新模式。

自然禀赋 ＋ 生态休闲旅游 ＋ 新型农业生产、生活、体验和乡村旅游结合的新模式

十字水街、百里桃花、千顷良田、万亩绿林

2. 发展策略 搭建"三田"服务平台，支撑黄桃特色产业。青村镇田头学校、田头超市、田头研究所坐落于奉贤区青村镇张弄村南奉公路5601号（南奉公路、浦星公路口），占地面积13 000多平方米，总投资为680多万元。近年来，青村镇创立"三田"农业服务机制，在田头搭建产学研、农科教、产加销对接服务平台，走出了一条促进农业科技支撑，农民收入增加，农产品市场流通活跃的特色战略。黄桃经济已成为当地农民致富的一大特色优势产业。

（1）田头研究所——转变农业方式的新动力。黄桃研究所是以农民专业合作社及黄桃科技示范基地（6个示范基地）、农业科研单位（上海市农业科学院林果所）、农业技术推广服务部门（市区两级）、种桃大户（黄桃业协会成员）为主体搭建的产学研服务平台，吸纳各级农业科技人员 30 名。根据市场、农民需求，开展实用技术研发、成果转化和试验推广。建立 62 亩优质种苗繁育圃，建成 790 亩的示范基地，通过土地规范流转黄桃土地 1 250 亩进行规模化生产经营，辐射带动全镇黄桃种植。推广早熟"锦香"、中熟"锦园"种植，早熟"锦香"成熟期为 6 月 20 日至 7 月 5 日，中熟"锦园"成熟期为 7 月 25 日至 8 月 10 日，"锦绣"黄桃成熟期为 8 月 20 日至 9 月 5 日，通过发展早、中、晚熟黄桃种植，形成了早熟黄桃"锦香"开头炮，中熟黄桃"锦园"跟着跑，"锦绣"黄桃抱住腰，晚熟黄桃把龙梢。改变了原来单一品系，有效避免集中成熟上市，实现销售期 100 天以上，满足市场不同需求。

田头研究所分设科技小分队，深入生产现场进行安全用药、合理用肥的标准化综合技术指导，提高果品质量，推广专用袋套袋及科学的肥水管理技术，确保果品内在质量。有机肥占全年总施肥量 80% 以上，硬核期通过增施硼肥、钾肥提高果品质量，实现优质、高效；严格疏花、疏果技术，保持果品均匀一致，避免大小年现象。开展生产安全指导活动，使用高效、低毒农药，减轻农业污染。充分利用生物防治、物理防治技术，正确选择高效、低毒农药。

（2）田头学校——提高农民技能素质的新载体。"田头学校"是农科教服务平台，向农民传授合作社依法民主管理、理财分配原则等健康发展要素，桃树生产管理技术知识，培养了一批高素质农民和专业农民，优化了农业劳动力结构。田头学校贴近农民，授课方式简单实用。一是请进来。请上海市农业科学院果树专家采取课堂授课与现场技术示范相结合的技术培训方式，重点传授合理整形修剪、清园、合理施肥与病虫害综合防治等关键技术，以实用技术为核心，以 300 户科技示范户为重点，带动农户 2 700 多户。二是走出去。到农业科学院的示范基地考察学习，提高种植户的先进栽培管理技术水平，以达到农民增收的目的，按农时举办田头现场技术培训，以解决生产中碰到的具体问题，通过果树专家和果农互动交流，现场面对面、手把手地把安全优质高产栽培技术传授给农民，帮助农民提高栽培管理水平。

（3）田头超市——拓展农产品流通市场的新渠道。"田头超市"是新型的农产品原产地直销模式。青村镇黄桃市场在市内已名闻遐迩。引进有实力的合作社进驻黄桃市场，通过产品资源整合、整体包装、品牌宣传和市场拓展，开辟互联网、电话等直销渠道，减少流通环节，实现降本增收。田头超市成为强化产后服务、强化市场对接功能的有效平台，充分利用黄桃合作社安全优质品牌优势，重点抓住以下 3 个方面。一抓奉贤黄桃品牌宣传。通过开发包装设计、发布信息、广播宣传、向各地发放"擂台赛专刊"及市、区广播电台媒体报道等形式，大力宣传奉贤黄桃获奖荣誉、产业地位、营养价值等，让广大市民进一步加深认识和了解，使奉贤黄桃在果品市场中一枝独秀。二抓产品推介。每年举办奉贤黄桃节、黄桃擂台赛，通过新闻媒体等单位进行宣传，进一步扩大知名度，构筑销售大平台。三抓名特优产品展销活动。在营造规范有序的本地黄桃市场之外，延伸销售产业链，进行农超对接，使芬芳浓郁的奉贤黄桃进入各大超市。

田头研究所	"黄桃研究所"是以农民专业合作社及黄桃科技示范基地(6个示范基地)、农业科研单位(上海市农科院林果所)、农业技术推广服务部门(市区两级)、种桃大户(黄桃业协会成员)为主体搭建的产学研服务平台
田头学校	"田头学校"是农科教服务平台，向农民传授合作社依法民主管理、理财分配原则等健康发展要素，桃树生产管理技术知识，培养了一批高素质农民和专业农民，优化了农业劳动力结构，通过请进来、走出去的培训方式，培养农业科技人才
田头超市	"田头超市"是新型的农产品原产地直销模式。青村镇黄桃市场在市内已名闻遐迩。引进有实力的合作社进驻黄桃市场，通过产品资源整合、整体包装、品牌宣传和市场拓展，开辟互联网、电话等直销渠道，减少流通环节，实现降本增收

3. 主要做法

（1）开展四季生产技术活动。以四季活动为抓手，进一步提升农业科技服务水平，不断探索和应用为农服务新模式、新举措。

春季以产前提供信息抓宣传为主，开展新品种推介活动。组织桃农看现场、听介绍、提高认识、增强信心。为广大桃农调优品种、调整结构提供了有利条件。分散种植"锦"字系列黄桃，发展早、中、晚熟黄桃"锦香""锦园""锦花"，使得"锦香""锦园""锦绣""锦花"品种，从6月下旬到9月中旬平分秋色，拉开黄桃成熟期。可有效避免原"锦绣"黄桃集中成熟上市，而给果农销售带来压力。

夏季以产中技术措施抓落实为主，开展安全技术指导活动。通过深入现场宣传、示范、指导，使广大桃农进一步增强安全生产意识，实施规范操作和标准化生产。全面落实双增双减工作，在科学施肥、安全用药、合理修剪、及时疏果、适量定果、专用袋套果等技术措施上有新的提高，为提高产品质量提供保证。严格疏花、疏果技术，保持果品均匀一致，避免大小年现象。

秋季以产后拓展市场抓营销为主，开展产品市场对接活动。通过黄桃节、擂台赛、品牌荣誉、媒体采访等宣传举措，进一步树立形象、扩大知名度。为构筑销售平台、促进推介，确保销售顺畅创造条件，让桃农从观念上产生本质改变，先要不愁卖，才能卖得更好、卖得更贵、卖得更精。

冬季以农闲组织农民抓学习为主，开展技术培训活动。采取"请进来""走出去"相结合的办法，通过技术培训、田间指导、现场示范，提高了广大桃农冬季修剪、施用基肥及花期管理等技术水平，为夺取下年度黄桃高产奠定基础。

（2）落实"四有"种植技术措施。坚持以"抓基地、提质量、创品牌、升形象、定目标、出精品"为出发点，着力抓 4 个"有"。

一是管理有目标。明确工作目标，落实管理措施。加强对生产期间的宣传、指导、检查、监管和档案记录、上报制度。做到统一发放资料、统一技术指导、统一供应肥药、统一管理模式、统一生产标准、统一制作包装。

二是生产有规程。按照《奉贤黄桃技术操作规范》，提出了黄桃的种苗培育、整地种植、整形修剪、肥水管理、疏果套袋、防病除虫等栽培技术和生产目标。建立标准化生产示范基地，推广高效高产安全栽培技术。经过宣传、示范、指导、实践，使黄桃栽培技术得到进一步规范和提高。

三是质量有标准。为达到外观"圆、大、黄、洁"、内质"安全卫生优质"标准，制定了黄桃质量管理手册、质量监控制度及产品质量标准。开展科技讲座、技术培训、技术咨询等活动，抓好产品的质量管理。建立产品检验、规范分级、标志包装等制度，确保农产品源头安全、生产无公害无农药残留绿色果品，为市场提供优质黄桃。

四是产品有标志。制定奉贤黄桃包装统一标志。坚持争创品牌，发挥品牌优势，增强包装意识，开发包装设计，从大包装（5 千克装）过渡到精品装（几个装）。做到宣传广告、产品认证、标准质量、品牌包装"四统一"。推行粘贴二维码，实行实名制销售，建立质量追溯制度。

（3）抓好四方面栽培技术服务。宣传、普及科技知识，是提高广大桃农科技文化素质和栽培技术水平，促进特色产业科技化、经济效益领先化的重要手段。

一是举办培训班。依托上海市农业科学院、上海市农业技术推广中心、奉贤区农业技术推广中心、奉贤区农民培训学校等开展黄桃生产实用技术培训。针对黄桃生产季节性特点，每年于 4～9 月分别在相关村组织专业技术培训及科技讲座、现场示范、田头学校等活动，发展一批黄桃生产技术先锋，引领示范，发挥作用。通过田头学校的指导授课，给桃农灌输少而大、少而优、少而精的观念。

二是开展入户指导、技术咨询等科普宣传活动。并通过联系、检查、交流、研讨等方法，采取案例式、互动式、实践式，解决桃农生产过程中碰到的问题。解决选好一块地，挖好一个坑，放好一袋农家肥，选好一株优质苗，浇好一担水的"五个一"问题。推广"桃王"获奖得主的生产经验，以利于提高桃农管理技术水平，促进黄桃高产。

三是发布黄桃业信息。由奉贤黄桃业协会主办，坚持每月一期编发工作，重点以"传授科技知识，提出栽培措施，提供市场信息，总结典型经验，介绍先进技术，发布行业动态，宣传品牌荣誉，推广科研成果"为主要内容。为提高广大农民栽培技术水平，促进黄桃高产起到一定的作用。

四是鼓励合作社和集体组织规模化生产种植。大部分的桃农面临年纪大、体力差、无接班人的情况，未来很有可能的趋势是奉贤黄桃被外来人员接管。若放任这样的局面发展，将会对奉贤黄桃的标志、品牌、荣誉带来毁灭性的打击。因此，合作社和集体组织接管黄桃树，将是迫在眉睫需要服务的内容。积极鼓励和支持农户将黄桃林地向协会、合作社、家庭农场、集体组织流转。通过调整、归并、整合，打造龙头合作社和集体组织，对了解产业发展历史、探索产业发展举措、提升产业发展水平、提高产业科学栽培技术有着重要的现实意义。以利于更进一步推动黄桃产业蓬勃发展。

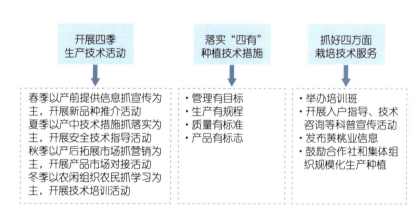

三、利益联结机制

多年来，青村镇积极探索形成了多种让农民共享黄桃产业融合发展成果的模式，一是在黄桃种植端方面，依托公司资金、技术及整合社会资源的优势，打造"公司＋农户＋基地"的发展模式，通过土地流转，将桃农分散的黄桃种植地块进行整合，进行统一管理，农民参与生产，让农民分享固定的土地流转分红及较高的工资性收入；二是通过黄桃示范基地，开展黄桃科学生产技术培训，培育一批年轻的产业工人，从管理上执行一整套生态型、质量可控型的技术标准，实现桃农由经验种植向科学种植的转变，让农民分享黄桃产品提质增效的成果；三是搭乘乡村振兴示范村建设快车，通过吴房村的试点探索，对村民闲置房屋评估，将村民的宅基地流转，由公司进行统一重建或改建，形成外观风格统一、错落有致的民宿、创业办公楼等，探索"租金＋股金＋就业收入"的叠加收益，让农民分享乡村振兴建设成果。

四、主要成效

青村镇产出的黄桃果型肥硕、色泽金黄、汁多味甘、桃香浓郁、营养丰富，成为消费者喜爱、上海久负盛名的特色果品。但是随着黄桃种植年限增长，被誉为"中国黄桃之乡"的青村镇面临的黄桃"三老"问题（黄桃树老龄化、土地贫瘠化、人口老龄化）日益严重，以及品种与栽培模式落后、集约化程度低，导致青村镇黄桃产业"青春不在"。

为了唤醒奉贤黄桃的"青春"，青村镇通过成立上海思尔腾科技服务有限公司引入社会资本，在奉贤区农业委员会牵头下，在上海市农业科学院、市区农业部门的技术支持下，以乡村振兴示范村吴房村和全国一村一品解放村为立足点，以"做大特色基地，做强特色产业，做优特色产品，做响特色品牌"为发展思路，合理规划与布局，从黄桃一二三产业融合入手，形成了奉贤黄桃产业融合、联农带农紧密的发展格局。

青村镇以做强黄桃一产、做大黄桃二产、做优黄桃三产为目标，推动产业融合发展。一是对接上海市农业科学院，在解放村周边通过土地流转，整合桃农零散的黄桃种植地块，打造连片的黄桃"四新"技术（新品种、新工艺、新技术、新产品）应用示范基地。通过对老桃园土壤修复，采用正Y形为主，侧Y形、斜立Y形为辅的新型树形，种植多种适合机械化作业的黄桃新品种，采用"四新"技术，制定黄桃种植和品质标准，实现黄桃的提质增效，以此带动周边黄桃种植户进行老桃园的改造及提升科学种桃的技术水平。并与台湾永龄农场技术与产业联盟，打造黄桃农场、果蔬农场、植物工厂，进一步推进区域主导产业的发展壮大。二是强化黄桃产品初深加工，通过引进黄桃分选系统及冷藏保鲜库，实现产品分级销售，延长黄桃上市时间，开发黄桃酵素饮料、黄桃果酒，延长黄桃产业链，提升产品市场竞争力。同时，引入江南大学食品研究中心，成立黄桃食品研发公司，对接盒马鲜生、天天果园、百草味等平台，目标电商平台销售400万千克，营业额1亿元。三是打造了一个拥有科普长廊、黄桃文化展示中心、农耕体验区、创意采摘点，让城市居民体验传统农耕文化的空间。并结合吴房村乡村振兴示范村建设，引入国盛、中交建、苏州半山艺、上房园艺等市场主体，建设"十里观光路""黄桃产业体验馆""桃世界主题乐园"等休闲娱乐项目。并联合湖南广播电视台和上海美人鱼钓具公司，举办了首届钓鱼节，建立上海市第一条无人驾驶观光路线，打造南上海"慢享"示范点。

五、启示

2010年，奉贤黄桃被国家质量监督检验检疫总局批准为"国家地理标志保护产品"，2015年被农业部批准为"农产品地理标志保护产品"，2016年被上海工商行政管理局评为"上海市著名商标"。青村镇以黄桃为抓手，做大做强主导产业，以村带村建成了产业联动发展、联农带农紧密的乡村振兴示范村，其作为样板，在上海郊区，甚至在全国各地区乡村产业发展建设的方面均具示范作用，让乡村焕发青春。

南京樱桃鸭

导语： 南京市，又称金陵，位于长江下游，江苏省西南部。南京属北亚热带湿润气候，四季分明，降水充沛。全市湖泊、水库棋布，河流网织，极适合鸭子生长。南京以鸭肴驰誉海内，故历来被冠以"鸭都"美称。其鸭肴之多，食鸭人之众，可谓中华之最。

盐水鸭是南京著名的特产，是中国地理标志产品。久负盛名，至今已有两千五百多年历史。明代有首民谣："古书院，琉璃截，玄色缎子，盐水鸭"。古书院指的是当时最大的国立大学——南京国子监；琉璃截指的是被称为当时世界奇迹的大报恩寺，玄色缎子指的是南京著名的特产玄色锦缎，而小小的盐水鸭居然并列其中，可见当时盐水鸭在南京百姓心目中的地位了。

遵循传统工艺——"炒盐腌、清卤复、晾得干、焐得透"制作出来的盐水鸭色如白玉、入口清香、回味浓郁、鲜嫩爽口，为鸭中之上品，深受南京市民的喜爱。现代南京人的餐桌上素有"无鸭不成席"之说，经过上千年历史传承，盐水鸭已经成为南京不可替代的美食文化和城市名片。

南京樱桃鸭业有限公司是一家集研发、生产、销售、服务于一体的鸭产品深加工企业。公司生产基地坐落于南京市江宁区江宁街道铜井镇，工厂占地面积30亩，厂房总建筑面积20 000多平方米，已通过 ISO 9001 质量体系认证和 ISO 22000 食品安全管理体系认证。目前工厂产品结构已形成三大系列共 60 多个单品，其中，主导产品——南京盐水鸭，选用高蛋白、低脂肪的瘦型樱桃谷鸭为原料，率先采用领先的"瞬时热真空——巴氏杀菌"技术，锁住新鲜美味，产品皮白肉嫩、肥而不腻、香鲜味美，为盐水鸭之上品，被南京鸭业协会、南京消费者协会、南京食品工业协会及多家媒体联合推荐为"优质鸭产品品牌""南京好吃的鸭子之一"，深受广大消费者喜爱。

南京樱桃鸭业有限公司一直以弘扬中国传统美食文化为己任，在传承和创新中不断快速发展。17年来，樱桃鸭业一直坚持以优质的产品质量、丰富的营销渠道、时尚的品牌形象服务消费者，从而在南京上百家鸭业企业中脱颖而出，目前品牌知名度和销售规模均跻身于南京鸭业前两强，销售网络遍及华东地区。公司获得"江苏省农业产业化重点龙头企业""南京优质安全农产品协会会长单位""江苏省非物质文化传承保护基地""全国主食加工业示范企业"等荣誉称号；清香型盐水鸭（官礼贡鸭）真空包装产品已通过绿色食品认证，被评定为南京市名牌产品、江苏省名牌产品；樱桃鸭商标被评定为江苏省著名商标。

樱桃鸭的发展得益于其品牌知名度的快速提升，通过对盐水鸭文化基因的传承，为市场提供安全优质的产品，打造具有浓郁南京特色和丰富文化内涵的盐水鸭品牌是我们始终不懈的追求。

一、产业发展简介

南京，历史上就有鸭都之称，南京养鸭、制鸭、食鸭的历史久远。近年来，南京鸭产业得到长足的发展，无论是肉鸭养殖，还是加工销售，从传统制鸭工艺到新技术的推广应用，从产品品牌的创立到新产品的研发都超越传统，实现了新的突破。鸭产业在南京的经济建设中发挥着重要作用，据统计，南京街边巷尾制鸭的大小企业有 100 多家，个体户有 1 500 多家。仅 2017 年南京及周边销售的鸭子就达到 1 亿只以上，带来了近百亿元的收入，南京人吃鸭子不仅吃成了一个产业，也吃成了一种风景，由此可见，盐水鸭已成为南京市民生活的重要组成部分。

独特的地理优势，四通八达的交通网络，使南京成为全国最大的鸭产品集散地，造就了以南京樱桃鸭业有限公司为代表的一批产业群体。南京樱桃鸭业有限公司作为"南京鸭业协会副会长单位"和"南京'菜篮子'工程重点扶持企业"，一直以弘扬金陵鸭文化为己任，汲取现代食品科技的精髓，在传承和创新中不断快速发展，从而演绎出时尚和经典的金陵鸭业韵律，使之成为最具南京——"中国鸭都"形象的一张名片。

南京樱桃鸭业有限公司成立于 2002 年，现有员工 300 多人。公司销售网络以直营连锁为主，工业旅游、电子商务、特许加盟、KA 超市、经销代理、批发市场为辅，销售网络触及华东地区，目前南京市已有 30 多家连锁店、200 多个品牌加盟商。2018 年生产盐水鸭 200 多万只，销售额达 1.5 亿元，年增长率保持在 20％以上。2019 年上半年增长率达 30％以上，发展势头依然强劲。

樱桃鸭一直以"专注鸭产业深加工、做强区域特色品牌"为核心目标，以创新的方法去发掘中国传统美食文化精髓，不断创造出让消费者满意的产品，不断扩大产业规模，充分发挥农业龙头企业的引领带动作用，确保实现企业"鸭业经典、百年辉煌"的宏伟愿景，为鸭业文化的推广和鸭业产业的振兴贡献力量！

二、模式简介

品牌是一种无形资产，它能带给企业的效益远远超过它本身。随着市场的发展和消费者品牌意识的增强，品牌的作用及对企业的影响是不可估量的。有了品牌的支持，企业就能借助品牌，激发产品的价值。没有品牌就没有竞争力，没有竞争力就无法在市场中立足。

樱桃鸭业有限公司的发展目标是"鸭业专家，全国连锁"，专注"樱桃"鸭品牌下的鸭产业深加工，打造江浙沪区域有特色、有影响力的主食鸭品牌。公司将坚持以弘扬金陵鸭文化为己任，坚持以文化为引领的品牌发展理念。首先赋予产品及其品牌鲜活的文化内涵，同时以可靠的产品品质作保证，通过持续不断地产业创新和品牌营销，达到提升品牌活力，扩大品牌影响的目的。

品牌是一种无形资产，它能带给企业的效益远远超过它本身。随着市场的发展和消费者品牌意识的增强，品牌的作用及对企业的影响是不可估量的

1. 以文化传承丰富品牌内涵　文化是品牌的灵魂，品牌是文化的升华。所以品牌不再是冷冰冰的文字或图案，从此具有了鲜活的文化内涵。从而形成消费者对品牌在精神上的高度认同，创造品牌信仰，最终形成极高的品牌忠诚度。

鸭产品是南京城市文化的重要载体，寄托着南京市民浓浓的乡愁情结。2005年，在一次由南京晨报举办的"市民眼中的城市名片"的活动中，出乎众人的意料，盐水鸭力压南京的中山陵、夫子庙、玄武湖等名胜古迹成为市民首推的城市形象代表。南京人有"无鸭不成席"之说，鸭文化历史悠久，早已与南京市民生活融为一体，成为宝贵的精神遗产之一。南京盐水鸭品牌众多，若想脱颖而出，必须首先从文化层面上获得消费者认同。

（1）讲好品牌故事，彰显历史内涵。在以互联网为基础的大数据时代，传统营销模式正在被新型互联网营销模式替代，内容营销（故事营销）越来越受到大家的追捧，精彩的品牌故事往往能够吸引消费者下单。好的品牌故事通过对品牌的创造、巩固、保护和拓展进行故事化讲述，并融入品牌的背景、文化内涵、经营管理理念之中去，为消费者创造一种迷人的、令人愉快和难以忘怀的消费体验，从而培养顾客的品牌忠诚度，保持品牌在市场中的竞争优势。

抛开品牌故事，任何一个品牌都只是一个简单的符号或者标识而已。只有当一个合理的品牌故事被挖掘、被传播，原本陌生的、虚无的品牌才会变得有血有肉，同时具备说服力和亲和力，唤起消费者的记忆和共鸣，更易激发口碑传播。面对市场竞争愈发激烈的今天，消费者对品牌的遗忘性、选择性更大，让品牌讲故事，赋予其文化营销的品位与灵魂，才能永葆品牌发展生机。

樱桃鸭始于 1862 年（清同治元年），源自南京水西门外"老张鸭子店"。采用祖传的"炒盐腌、清卤复、晾得干、焐得透"工艺加秘制香料制作的盐水鸭，以口味独特而逐渐闻名于金陵。1864 年（清同治三年），两江总督曾国藩率湘军攻破太平天国镇守的金陵，设宴犒劳众将士，特慕名要求每桌上一道老张家生产的盐水鸭。上桌的盐水鸭切片摆盘后形似樱桃、色如白玉、香味扑鼻，吃后更是满口清香、回味浓郁，众将士不由胃口大开。曾国藩高兴之余不由提笔写下："张氏盐水鸭、形似樱桃、色如白玉、入口清香、回味浓郁、可称金陵第一鸭。"樱桃鸭由此而得名。

同年，在夫子庙秦淮河畔开了第二家店，该店取名"金陵万福堂"，面积为当时金陵鸭工坊之最，除继续经营樱桃鸭外，还生产销售江南名点、状元豆等众多南京特产，专供酒楼茶肆及众多慕名而来的乡试考生、秀才，从此"金陵万福堂"的樱桃鸭逐步名声远扬。每年新鸭上市，官府总要精选一批樱桃鸭用荷叶及五彩丝线包扎进京上贡，故老张鸭子店的樱桃盐水鸭又称"官礼贡鸭"。

2002 年底，张氏后人正式注册成立南京樱桃鸭业有限公司（以下简称樱桃鸭公司），在传承和创新中不断发展，经过 17 年的努力，公司取得长足的发展。

品牌故事的提炼将品牌上升到了一定的历史文化高度，一只盐水鸭可以让消费者感知城市的文脉驿动，可以让消费者体会传统技艺的精髓，让"正宗的盐水鸭"和"好吃的盐水鸭"在消费者心中呈现，留下深刻印象并加以传播。

（2）致力盐水鸭非物质文化遗产文化保护。 南京板鸭、盐水鸭制作工

艺被列为省级非物质文化遗产。2014 年，樱桃鸭公司被南京市非物质文化遗产保护中心认定为南京板鸭、盐水鸭制作技艺传承保护基地。自取得此项殊荣以来，公司围绕技艺传承、文化宣传等方面投入大量人力、物力和财力，并取得了显著成效。

樱桃鸭公司现拥有晏和波、高昌宝、张建文 3 名市级代表性传承人，一直专职从事南京板鸭和盐水鸭的生产加工、技术创新及宣传推广工作，并先后培养了 90 多名南京板鸭、盐水鸭技艺制作者。

为了强化消费者对盐水鸭非物质文化遗产的认知，樱桃鸭公司新建 5 家南京盐水鸭非物质文化遗产体验店，在南京夫子庙、湖南路、北京东路、洪武路等繁华地段开设南京板鸭、盐水鸭的非物质文化遗产产品体验店，通过图片、影像、实物等形式向消费者展现非物质文化遗产产品的品质特性。同时，结合新媒体的广泛应用，公司先后和抖音、微信、微博等加强合作，发布南京板鸭、盐水鸭制作技艺视频，把非物质文化遗产产品及其独特魅力展现给广大百姓，向社会宣传非物质文化遗产产品的传统特色和非物质文化遗产保护的重大意义。

樱桃鸭公司每年投入数百万元对非物质文化遗产传承保护基地进行升级改造，2015 年，公司对铜井生产基地进行提档升级，新增技能培训设备和教室，新设传统加工工艺示范展示区。通过这些举措，切实拉近非物质文化遗产传承保护与普通百姓之间的距离，让越来越多的人了解盐水鸭、了解樱桃鸭、了解鸭文化。

对非物质文化遗产最好的保护是传承。南京盐水鸭非物质文化遗产是南京先民智慧与文明的结晶，樱桃鸭公司在生产南京板鸭、盐水鸭时严格按照传统工艺——"炒盐腌、清卤复、晾得干、焐得透"的要求，坚持用匠心做产品、用良心做企业。通过恪守传统技艺，还原历史真实，保持盐水鸭固有的品质和风味，把"南京最好吃的盐水鸭"和"南京最正宗的盐水鸭"提供给消费者，让消费者品尝美味的同时得到情感的满足，从而对产品和品牌产生认可和信任，不断提升品牌知名度、美誉度。

(3) 推进鸭文化馆建设，做鸭文化的传播者。樱桃鸭公司致力于鸭文化的传播，到目前为止，已经建成近 2 000 平方米的南京鸭文化馆。从鸭之百科、鸭之传承、鸭之非遗、鸭之金陵、鸭之美食等方面通过文字、图片、视频、实物等全面介绍南京鸭文化，邀请广大市民和消费者免费参观。鸭文化馆建设是一项公益事业，通过鸭文化的传播，给产品和品牌赋予更多情怀色彩，使品牌形象更加丰满和高大起来，在获得巨大社会效益的同时让樱桃鸭深入人心，历久弥坚。

　　2. 以产业创新激发品牌活力　　经济全球化条件下的现代市场经济，从某种意义上讲是"品牌经济"。让品牌住进客户的心里，是留住客户的有效手段，而要实现这一点，就要不断创新。只有推陈出新，才能激发品牌活力，让客户永远有新鲜感；只有推陈出新，才能提升企业竞争力，延长品牌生命。创新是企业发展的源动力，创新是生产力，也是品牌建设的重要推力。

　　(1) 产品创新。从全国的经济形势来看，2018 年消费市场总体情况不容乐观，但如果企业原地踏步、故步自封，每年将有 5％ 的消费者流失。樱桃鸭公司认为这正是考验企业拉开差距的时候，正是公司产品转型升级的机会，公司以消费者需求推动企业的产品创新。除积极研发传统旅游市场和餐桌熟食等美食产品外，更增加面向 80 后、90 后为主的休闲娱乐类美食，主推更新鲜、更安全、更符合未来发展方向的充氮锁鲜气调包装盐水鸭及休闲鸭趣等作为重点，在重塑樱桃鸭食尚品牌形象的基础上，根据细分市场新增"樱桃小黑""Q 味一族"等子品牌的打造，以贴合消费者的市场需求。

　　(2) 技术创新。樱桃鸭公司在传承和创新中积极推动盐水鸭行业的技术进步，参与了江苏省食品安全地方标准《盐水鸭》(DBS32/002—2014)的制定工作，自主研发的 800 只/时标准化、柔性化、自动化盐水鸭生产线已获得国家实用新型专利，申报的"茶香型盐水鸭的制备方法"实用专利已获得国家发明专利，申报的产品外观专利已达 12 项，并被江苏省文化厅评为第一家省级南京板鸭、盐水鸭制作技艺非物质文化遗产保护性传承基地。

樱桃鸭公司关注品牌体验，通过 VI 整体形象设计，提高品牌辨识度。近年来，不断加大投入，通过专业设计、专业装修，引入新科技、新材料，适时对自营旗舰店、体验店、加盟店进行全面升级改造，将产品与文化、时尚与传统有机融合，吸引不同年龄阶段的消费者，给消费者以强烈的视觉识别，从而使品牌形象深入人心。

（3）**管理创新**。2014 年 1 月樱桃鸭公司正式导入用友的 T＋ERP 企业信息化管理系统，在使用中通过不断摸索、不断调整、不断升级，目前已经实现了财务、采购、生产、库存、销售、零售、加盟商分销、产品配送等流程的管控，实现了物流、资金流、信息流的规范管理，樱桃鸭公司也是南京鸭业界第一家将所有流程导入 ERP 企业信息化管理系统的企业。在 2018 年 5 月之前完全实现 ERP 系统和 OA 办公——工作圈、电商零售——淘宝天猫和京东、线上支付——微信和支付宝、会员营销——微盟等平台的数据对接，以应对移动互联网营销和移动办公时代的到来。管理创新提升企业运营效率，确保品牌可持续发展。

创新是提升品牌价值的重要手段，通过创新，樱桃鸭不断给消费者视觉冲击和体验冲击，不断强化品牌记忆。事实证明，樱桃鸭拥有一大批忠实的消费者，他们是樱桃鸭品牌发展的强大后盾。

3. 以品质保障维护品牌形象 质量是企业的生命，是品牌持续发展的保障，是品牌的核心竞争力。一个产品能够培育为品牌，其实质就是产品质量。"创新质量管理，助力品牌建设"已成为企业界共识。

加强质量管理，搞好品牌建设，就是要强化质量教育，增强品牌意识。在竞争激烈的市场环境下，市场是检验质量的唯一标准，顾客的满意就是标准。樱桃鸭公司已通过 ISO 9001 质量管理体系和 ISO 22000 食品安全体系的认证，公司坚持的质量和食品安全方针就是：食品安全，重于泰山；持续改进，客户满意。

（1）加强质量源头控制。优质的产品源自优质的原料，公司的原料鸭主要来源于长期合作的苏北养殖基地——位于北纬 33°黄金养鸭带的射阳县新洋农场和响水县黄海农场，采购的原料均为符合绿色食品养殖标准的樱桃谷品种鸭，鸭体皮薄肉紧，瘦肉率高。

（2）严格按标准工艺进行生产。公司加大设备设施的改造，采用自动化、柔性化设备来代替原来的锅灶，使产品质量更加稳定、更适合大规模生产。2010 年，公司在江宁区江宁街道梅府工业园投资 1 000 万元新建标准化、柔性自动化盐水鸭生产线，目前是江苏省仅有的 3 家"南京盐水鸭加工标准化示范基地"之一。

公司严格按照质量管理体系和食品安全管理体系的要求组织生产。在坚持传统工艺的基础上，充分考虑现代技术的应用，确保产品的安全、卫生。

（3）加强品质检验，建立全程质量追溯系统。企业拥有中高级职称技术人员 20 多人从事品控工作，具备完善的质量追溯系统，生产的每一道环节都必须经检验合格后才允许转入下道工序，每一批次的产品都必须经检验合格后方可出厂。多年来，公司的产品在各级质监部门的抽检中，质量合格率 100%。

（4）贴心的售后服务。加强质量管理，搞好品牌建设，就是要强化售后服务，提高品牌效益。公司始终坚持以顾客为关注焦点，始终关注顾客满意度，安排专人及时收集顾客意见并在第一时间进行反馈。利用现代信息技术建立客户档案，对客户提出的问题或建议进行回访。经调查，顾客满意率始终保持在 95% 以上，质量满意率达 100%。贴心的售后服务赢得了顾客口碑，进一步巩固了产品在消费者心目中的品牌地位。

4. 以现代营销扩大品牌影响 品牌不等于名牌，扩大销量是提升品牌影响力的唯一途径，销量是品牌价值的体现，没有销量的品牌是空洞和无效的。

（1）顺应现代消费趋势，大力发展线上销售。樱桃鸭公司虽然作为传统食品企业，但深知互联网销售对企业未来发展的重要性，一直坚持在电商上持续不断地投入，仅 2018 年度投入就超过 200 万元。2010 年开通了淘宝，2013 年开通了天猫旗舰店，2016 年开通了京东平台，目前已经形成包括营运、企划、包装等在内的 10 人电商完整团队，2014 年天猫总销售额 200 万，2015 年天猫总销售额为 400 万元，通过 6 年的持续投入，在 2016 年春节年货节爆发，仅 2 个月销量就突破 200 万，2017 年电商销量突破 700 万，2019 年电商销量预计突破 1 500 万元，目前公司的天猫旗舰店在盐水鸭、烧鸡、酱鸭等类目销量名列前茅。

（2）以 O2O 新零售、轻餐饮推动连锁店体验销售。樱桃鸭营销渠道包括直营连锁、加盟连锁、KA 超市、经销代理、电子商务等，但对公司销售和利润贡献最大、最稳定的还是自己的直营连锁店。互联网时代对线下的门店销售形成很大的挑战，因此，樱桃鸭公司加快改造和开设新零售、轻餐饮情景体验店和线上线下一体店的步伐，通过对直营连锁门店的情景化、趣味化、即食化、年轻化改造，增加了门店的流量并吸引新一代的年轻消费者。2017 年通过对 160 平方米夫子庙店的改造，销售同比上升 40%，单店销售更是突破 1 000 万元；2018 年上半年通过对 250 平方米解放路店的改造增加鸭血粉丝汤等餐饮项目，销售额从 300 万元增加到 700 万元。目前正在改造的有 500 平方米湖南路店，正在新建的有 170 平方米太平南路店等，同时，2019 年公司再开 20 多家樱桃鸭直营连锁店、100 多家"樱桃小黑"休闲鸭趣加盟店。

同时，樱桃鸭公司充分发挥门店线下优势，积极与大众点评、美团、口碑网、支付宝、微博、微信、百度等电商平台合作，通过 20 多家门店的线下和线上互动，最大限度扩大各门店的营销半径，为线下门店带来 20% 以上的销售额。未来将继续通过线上线下的互动，通过社区化、去中心化迎合互联网时代的消费者，布局 O2O 移动电商时代。

（3）引入工业旅游，将休闲观光和购物融为一体，扩充销售渠道。南京作为中国的鸭都，历史悠久、闻名中外，而南京樱桃鸭有限公司作为第一家被批准的南京板鸭、盐水鸭生产制作技艺——江苏省非物质文化遗产传承基地，围绕盐水鸭制作技艺这一非物质文化遗产，2019 年公司投入巨资把铜井生产基地建设成鸭文化主题园，使之具有宣传非遗、科普鸭文化、休闲观光等诸多功能，推动"盐水鸭产业＋文化""盐水鸭产业＋旅游"的发展模式，发力三产融合，扩充销售渠道。自 2019 年鸭文化主题园开园以来，公司积极与社区和旅游公司合作，带动普通百姓走进工厂。工业旅游让消费者亲身体验生产过程和产品质量，感受企业文化氛围和管理水平，强化品牌认知，成为樱桃鸭品牌文化的重要展示平台。

品牌与销量相互影响、相互促进。2019 年销售额突破 2 亿元，销量的增长极大提升了樱桃鸭产品的市场占有率和品牌影响力，有力促进了南京鸭业产业的发展，带动上游产业的发展及 1 000 户以上的农户致富，赢得当地政府和农户的一致好评。

三、利益联结机制

南京樱桃鸭业有限公司集南京盐水鸭、板鸭等酱卤肉制品的生产、加工、销售于一体，作为江苏省重点农业龙头企业，根据自身特点，依托国家惠农、支农一系列政策，借助农业龙头企业发展平台，通过订单生产、技术支持、合同购销等方式，与农户建立了稳定、紧密、双赢的利益联结关系。公司的原料鸭主要来源于长期合作的苏北养殖基地——位于北纬33°黄金养鸭带的射阳县新洋农场和响水县黄海农场。2018 年公司采购原料鸭达 3 600 吨，与 10 多家农业合作社或农业经纪人签订供货合同，每家的采购量均在 60 万只以上，间接带动农户 6 800 户，带动农户数同比上涨 6.25%，带动当地养殖及屠宰等相关就业人员 6 000 人以上。现在，越来越多的农民愿意从事樱桃鸭的养殖，对于他们而言，樱桃鸭这几个字不仅意味着统一的标准、规范的管理，更代表着稳定的渠道和更高的收益。通过樱桃鸭原料带动，不仅解决了农户增收与农民就业，也为地方经济的发展作出了贡献。

持续的强劲增长极大提升了樱桃鸭产品的市场占有率和品牌影响力，有力促进了南京鸭业产业的发展，同时也带动着上游产业的发展和农民致富，取得了良好的经济效益和社会效益。

公司借助农业龙头企业发展平台，通过订单生产、技术支持、合同购销等方式，与农户建立了稳定、紧密、双赢的利益联结关系。2018年公司采购原料鸭达3 600吨，与十多家农业合作社或农业经纪人签订供货合同，每家的采购量均在60万只以上，间接带动农户6 800户，带动农户数同比上涨6.25%，带动当地养殖及屠宰等相关就业人员6 000人以上。

四、主要成效

樱桃鸭公司始终坚持品牌建设，品牌理念贯穿于企业生产经营的每一个环节。以文化为引领，对品牌进行多层次、多维度、全过程、全方位打造。樱桃鸭品牌从建厂初期的默默无闻到如今的家喻户晓，拥有了一大批忠实的粉丝。

樱桃鸭成立17年来，从创业之初的小作坊发展成为拥有400多名员工的现代化鸭产品加工企业，品牌知名度和销售规模成长为南京鸭产业前两强，这得益于公司在文化传承、技术创新、品质保证、渠道拓展等方面所做的努力。

随着樱桃鸭品牌影响力的逐步增强，樱桃鸭产品被认定为绿色食品、江苏省名牌产品、南京市名牌产品。樱桃鸭商标被评定为江苏省著名商标。樱桃鸭不仅是简简单单的生产销售盐水鸭，更是承载着厚重的南京鸭业文化，它植根于民间，植根于广大消费者心里。

如今的樱桃鸭，借着品牌影响力的扩张，走上发展的快车道，销售网络不断延伸，涉及直营、团购、批发、零售、电商等多种业态。随着樱桃鸭品牌效应日益凸显，除了目前南京市已有的30多家直营连锁店，还遍布200多个品牌加盟商。2018年，生产盐水鸭200多万只，销售额达1.5亿元，同比增长率在20%以上。2019年上半年增长率达30%，预计全年销售将突破2亿元，樱桃鸭将成为南京众多鸭业企业中脱颖而出的黑马。

五、启示

我国是农业大国，不少农产品的产量位居全球前列，但我国还缺少一批在国际市场上具有竞争力的农业品牌，不少优势农业产品在国际贸易中只能占据低端市场，无法带来高溢价。与此同时，一些国外的农产品凭借其品牌效应，迅速打开我国市场，对国内农业生产造成了不小的冲击。推进农业产品品牌建设，是把资源优势转化为市场优势，把市场优势转化为竞争优势的有效途径；是扩大农业产品市场规模，振兴农村经济的重要手段。

对于企业来讲，产品是企业发展的基础，品牌是企业发展的灵魂。没有品牌的支持，企业就很难突破发展瓶颈。品牌是一种无形资产，能带给企业的效益远远超过它本身，有了品牌的支持，企业就能激发产品的价值。现在的产品市场，没有品牌就没有竞争力，没有竞争力就无法立足。而品牌已成为企业发展的生存基础，并且是市场创新的动力源泉。

作为农业龙头企业，樱桃鸭公司深知品牌建设的重要性，把品牌建设作为企业的一项系统工程和战略工程持续加以推进。从产品、文化、市场到全产业链，全方位锻造樱桃鸭品牌。樱桃鸭前 100 年的发展是历史和技艺的传承，后 100 年的发展将会是文化和品牌的延续。"民以食为天、食以安为先。"樱桃鸭公司作为农业龙头企业，一定会严把产品质量关，响应政府的号召和产业规划，继续专注樱桃鸭品牌下的鸭产品深加工，做成江浙沪区域有特色、有影响力的主食鸭品牌。

宅侯贡米

导语： 乡村振兴关键在于产业振兴，而产业振兴的关键在于挖掘区域特色，打造知名品牌。宅侯贡米米业有限公司通过注册一个商标、创建一个品牌、建设一个产业园、搞活一个山村、带动一个区域，取得了不小的成功。湖南省产业扶贫督查组对公司通过创建品牌开发特色农业产业进行精准扶贫模式给予了高度肯定。2018 年 10 月，公司董事长李正益被郴州市评为"2018 年最美扶贫人物"。2019 年 8 月，宅侯村成功申报为国家"一村一品"示范村。宅侯村地处偏僻，与永州的蓝山、宁远交界，距嘉禾县城 18 千米，人均耕地 1.2 亩，其中大部分是梯田，是个明显人多地少的山村。曾经是市级贫困村，自 2016 年以来，通过成功打造宅侯贡米品牌，宅侯村已经成为集农业生产、农耕体验、农特产品加工及生态旅游休闲为一体的社会主义新农村。

一、公司基本情况

嘉禾县宅侯贡米米业有限公司成立于 2015 年 10 月，以"公司＋基地＋农户"为主体合作模式，以"品牌打造＋农业体验＋观光旅游"为运营方法。公司通过前期规划引领、成片流转农田、合作开发基地，同时导入文化、创意、传媒、旅游等多方合作机制，达到农民增收、品牌创建、企业壮大、振兴乡村等多方共赢的效果。

公司目前经营项目有大米、植物油、面粉、米酒、花生加工及销售；现有员工 165 人（含基地部分季节性工人），其中管理人员 29 人；总资产 1 609 万元，其中固定资产 786 万元。

2017 年，宅侯贡米荣获"中国中部（湖南）国际农博会金奖"，同年被授予"郴州市农业产业龙头企业"。2018 年，公司成功举办"首届宅侯贡米丰收节"，游客达到 10 万余人次。

2019 年，公司和郴州众观文化旅游开发有限公司达成战略合作伙伴关系，为公司核心品牌——宅侯贡米注入更多本土文化基因，提供更多包装设计创意，并通过深入挖掘宅侯贡米产业园的旅游资源，专业开发旅游产品，引导旅游消费，达到多方共创共享共赢的目标，从而助推当地乡村振兴。

宅侯贡米品牌创建至今，不过短短 4 年，但其在嘉禾周边乃至郴州各县（区）所起的乡村振兴的带头引领作用不容小觑。

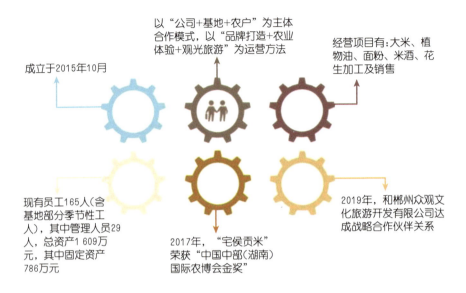

成立于2015年10月

以"公司+基地+农户"为主体合作模式，以"品牌打造+农业体验+观光旅游"为运营方法

经营项目有：大米、植物油、面粉、米酒、花生加工及销售

现有员工165人（含基地部分季节性工人），其中管理人员29人，总资产1 609万元，其中固定资产786万元

2017年，"宅侯贡米"荣获"中国中部（湖南）国际农博会金奖"

2019年，和郴州众观文化旅游开发有限公司达成战略合作伙伴关系

二、主要模式

1. 发展模式　公司在创立之初，创始人李正益聘请规划设计专家对宅侯贡米种植区域进行了农业体验观光旅游规划。在进行农田基本建设的同时，就已兼顾休闲观光项目的功能布局分区，把产业园建设与乡村旅游项目建设结合起来。宅侯贡米产业园朝着综合型、多功能方向发展，不仅有生态、生产、生活功能，还具有农业观光、农业文化、农耕教育、行业交流、农产品销售、餐饮等功能。这样可避开农业观光旅游的季节性，使乡村旅游景点一年四季均能接待游客。这对当地新农村建设、乡土文化的保护、乡村经济发展、乡村活力的挖掘和农村可持续发展都具有重要意义。2018 年，公司在政府支持下成功举办"首届宅侯贡米丰收节"，游客达到 10 万余人次，宅侯贡米声名远播。

公司规划建设的"宅侯水稻公园"，占地面积 100 亩，投资 200 万元。其中，利用河道瀑布和梯田落差，在不占用基本农田的基础上设计 300 米长的漂流水道，贯穿于实行"鱼稻共生"的稻田之中，非常壮观，深受游客喜爱。

建设中的农耕体验教育基地，也是嘉禾教耕文化的展示体验中心，专供中小学生和城市青年体验农业劳动，进行户外拓展，让年轻人在游玩中学习、在学习中体验、在体验中领悟有关宅侯贡米的品牌故事。

"互联网+品牌打造+农业体验+观光旅游"发展模式

| 前期规划引领，协会成片流转农田，合作开发农业基地 | 导入文化、创意、传媒、旅游等多方合作机制 | 农民增收、品牌创建、企业壮大、乡村振兴 |

2. 发展策略　2019 年，宅侯贡米米业有限公司和郴州众观文化旅游开发有限公司达成战略合作伙伴关系。众观文旅旗下拥有众多文化创意专业人才，为公司核心品牌——宅侯贡米注入更多本土文化基因和提供更多包装设计创意，并通过深入挖掘宅侯贡米产业园的旅游资源，专业开发旅游产品，引导旅游消费，实现多产融合，为公司快速可持续发展打下坚实基础。

3. 主要做法

（1）立足本土特色，夯实品牌基础。2015 年 10 月，公司创立之初便申请注册了宅侯贡米商标，在上级及各职能部门的指导下，公司结合本地传统文化和地方特色优势，积极进行产品标准化建设、文化内涵挖掘、营销渠道拓展、合作模式创新及科技体系支撑，快速树立了宅侯贡米品牌形象。

产品质量是树立品牌的基础，产品形象则是品牌传播的翅膀，两者互相倚重不可偏废。为夯实品牌基础，公司在农业专家和品牌专家指导下采取如下措施：

一是实施标准化、科学化生产管理。公司具体制定了宅侯贡米产品质量标准、安全检测标准、生产技术管理标准、加工工艺和质量标准以及品牌包装设计等。产品质量标准以达到绿色食品标准为基础，并向有机产品标准靠拢。

二是公司与农业科研机构合作。2017 年，开始研制针对宅侯贡米种植区域土质的专用生物有机肥料和利用生物农药治理水稻病虫害技术，拥有了公司独家享有的专利技术，为提高公司品牌竞争优势和可持续发展奠定了基础。

三是建立产品安全信用机制。严格遵守农产品质量安全相关法律法规，规范生产经营行为，提高自我约束能力，杜绝使用高毒性农药和非法添加物，减少化肥和农药的施用，逐步转入有机生产。运用农业科技进行改良、培育、提升，实施标准化生产，实现高产高效。

四是品牌包装。宅侯贡米在产品包装的材质、形状、容量、购买手感、包装概念、商品陈列的合理性及产品商标统一性和系列化等都进行了专门设计。人们可以快速对宅侯贡米品牌形象形成有效、深刻的记忆。

五是品牌传播。宅侯贡米产业园积极对接电影《芙蓉渡》拍摄、承办丰收旅游节庆典活动，推动宅侯贡米品牌传播，公司产品多次参与世园会、省市农博会，获得中国中轻产品质量保障中心颁发的"质量放心·国家标准合格产品"和"中国3·15诚信品牌"、中国消费发展中心颁发的"中国优秀绿色环保产品"证书等。

本地生产的普通大米批发价每千克4.8元，而宅侯贡米品牌优质大米，批发价每千克均价16元左右，产值提高3倍以上，还供不应求。目前，宅侯贡米已申请注册成为地理标志产品，品牌效应初步显现。

(2) 创新合作模式，节省沟通成本。公司立足农村，发展农业，促进农业产业化进程。但在项目推进过程中，部分农户因利益问题不理解、不配合也时有发生。

宅侯贡米产业经历了3个阶段。一是起步阶段，时间为2015年，主要依托该村万寿稻谷专业合作组织运营，本着"入社自愿、退社自由"的原则开展产业经营。由于刚刚起步，农户参与度不高，仅有10余户参与。二是成长阶段，时间为2015年，成立嘉禾县宅侯贡米米业有限公司，参与产业农户覆盖了全村农户的50%以上。三是壮大阶段，时间为2017年。通过政府引导，公司开始采取"公司＋协会＋基地＋农户＋订单"的产业化合作模式，采用流转土地和加价订单农业的方式在嘉禾县晋屏镇宅侯村自建和联产基地6 000亩，联系农户2 500户，采用订单引导、红利返回、直接救助等方式，使参与产业的农户人均增收2 600元以上，充分发挥了企业带动的作用。其中，公司推行"一村一品"的引导模式，直接帮扶贫困户达1 000户、贫困户人口3 100人。直接帮扶资金达60万元，让扶贫产业惠及贫困人口，使参与产业的农户人均增收3 000元以上。

公司坚持只有让农户充分享受到合作的红利，农户才会无条件支持公司的发展。目前，公司负责出规划、出资金、出技术、出溢价订单（比市场价高20%），并负责打造观光旅游生产基地；协会负责沟通农户、土地流转、分红返利，对特别困难群众直接救助。将公司从烦琐的沟通事务中解脱出来，既取得了人民群众的支持信任，又有利于按照规划建设宅侯贡米产业园，实现一二三产业对接融合，实现联动发展。

2020年，公司计划在本县及周边县区相同土质和气候区域推广种植宅侯贡米5万亩，年产量2.2万吨（常规稻和杂交稻）。

(3) 借力政府扶持，助推乡村振兴。自党的十九大以来，习近平总书记提出了"实施乡村振兴战略"，嘉禾县委、县政府积极响应，在县委经济工作会上提出了"乡村振兴和产业振兴"两大决策部署，建设"山水田园新嘉禾"成为政府各部门工作的主旋律。宅侯贡米紧抓机遇，顺势而为，积极响应政府精准扶贫精神，助推乡村振兴，得到了政府各级部门的有力支持。

以宅侯贡米产业园建设为平台，县委、县政府和晋屏镇党委政府，把产业扶贫工作机构、领导、人员、经费、责任等落实到人，整合国土、交通、扶贫、农业、林业等部门，向宅侯贡米米业有限公司基地建设倾斜了土地开发、土地整理、小农水等一系列项目开发政策；邀请了农业大学教授和农业专业技术人员指导公司和农户进行农业生产，组织农民 200 余人进行了农业技能培训，对公司运作和经营提供了优质的全程服务。

在政府相关部门的帮助下，公司着力打造的宅侯贡米品牌已经成为嘉禾县家喻户晓的金字招牌，在湖南省优质大米品牌系列中占有了一席之地。2020 年，宅侯贡米力争成为全国知名大米品牌，宅侯贡米产业园力争成为郴州旅游的重要景点，继续为乡村振兴作出贡献。

立足本土特色，夯实品牌基础

- 实施标准化、科学化生产管理
- 公司与农业科研机构合作
- 建立产品安全信用机制
- "宅侯贡米"在产品包装的材质、形状、容量，购买手感，包装概念，商品陈列的合理性、以及产品商标统一性，系列化，整体格调，视觉概念及概念提炼等都进行了专门的设计
- "宅侯贡米产业园"积极对接电影《芙蓉渡》拍摄、承办丰收旅游节庆典活动

创新合作模式，节省沟通成本

| 起步阶段 | 成长阶段 | 壮大阶段 |

借力政府扶持，助推乡村振兴

以"宅侯贡米产业园"建设为平台，县委、县政府和晋屏镇党委政府，把产业扶贫工作机构、领导、人员、经费、责任等落实到人，整合国土、交通、扶贫、农业、林业等部门，为宅侯贡米米业有限公司基地建设倾斜了土地开发、土地整理、小农水等一系列项目开发政策

三、利益联结机制及效益

通过创建极具地方特色的宅侯贡米品牌，企业、乡村（合作社＋基地）、农户组成了三位一体的利益共同体，获得了非常可观的经济效益、社会效益和生态效益。

1. 经济效益

（1）企业得到了发展壮大。4年时间，从最初的合作社经营到公司化运营，到现在的"公司＋协会＋合作社＋农户"的运作模式，种植基地从1个增加到6个，经营面积目前达6 000余亩，年产大米1 250吨，年毛利润近千万元。

（2）村集体经济得到了提升。通过土地流转分红和扶贫产业资金分红，宅侯村集体经济每年可增收7万多元，为改变旧村的落后面貌打下经济基础，随着集体经济效益的提高，党建工作也进展顺利，党员干部的威望得到了加强。

2. 社会效益

（1）村民获益，更多人实现精准脱贫。通过土地入股、资金入股、劳务参与等方式，宅侯村基本实现户均收入1万元以上，原来的贫困村已脱贫成功。

（2）人心更齐了。宅侯贡米米业有限公司在处理政府、企业和群众的关系时，坚持了"农民是土地的主人，企业是开发的主力，政府是服务的主体"的理念，政府通过推动建设基础设施赢得了良好的社会效益，企业通过项目建设获得预期的资本回报，农民通过土地流转、就业机会及合理的集体资产分红，实现了收入的提升。百姓获得感更强了，村级治理也更顺畅更和谐了。

3. 生态效益

乡村更美了，生态效益明显。通过规划建设宅侯贡米产业园，宅侯村基础设施得到了前所未有的改善。2017年，宅侯村被列为全省城乡环境整治示范村。2018年，公司和宅侯村宅侯贡米产业园联合承办了嘉禾县首届农民丰收节，为嘉禾的乡村旅游鸣锣开道，宅侯村变得更美了。

四、启示

1. 合适的带头人是乡村振兴项目成功的基础　宅侯贡米创始人李正益是宅侯村本地人，在外创业非常成功。他有想法、有见识、有资本、有威望、有情怀，当地村民非常敬重他，因此，农村项目最需要操心的土地流转比较顺利。

2. 规划引领是乡村振兴项目成功的关键　公司在创立之初，就聘请规划设计专家对宅侯贡米种植区域进行了农业体验旅游规划。在进行农田基本建设的同时，已兼顾休闲观光项目的功能布局分区，把产业园建设与乡村旅游项目建设结合起来，避免了项目盲目开发和过度开发。

3. 做生态产业是乡村振兴项目的抓手　"绿水青山就是金山银山"，

乡村振兴最终就是生态产业项目的振兴。宅侯贡米产业园充分尊重原生态环境，最大限度保留青山绿水、梯田、瀑布，从多方面实现乡村资源的价值，所以获得了从上到下方方面面的支持和赞誉。

4. 政府扶持是乡村振兴项目成功的必要条件 建设农业农村项目，基础设施先行。嘉禾县委、县政府和晋屏镇党委政府全力支持宅侯贡米项目建设，想方设法帮助解决项目遇到的各种困难，为项目方解决后顾之忧。

5. 打造本土品牌是项目得以持续发展的核心 宅侯贡米商标注册时间是 2015 年，如今，宅侯贡米商标得到市场的高度认可，已经成为公司持续发展的核心竞争力。

实施乡村振兴战略，产业振兴是关键，品牌打造是核心。宅侯贡米米业有限公司依托贡米产业，打造宅侯贡米品牌，通过强强联手，不断挖掘品牌潜在价值，在农业生产、农事体验、农耕教育、农产品加工、农业观光等领域都取得不俗成绩。实践证明，打造乡村知名品牌是实施乡村振兴战略的必要手段，更是实现乡村振兴的有效路径。乡村知名品牌具有广泛的带动性和持续的号召力，在乡村振兴中起到四两拨千斤的重要作用。

缙 云 烧 饼

导语： 2019 年 6 月 17 日，国务院发布实施《关于促进乡村产业振兴的指导意见》（国发〔2019〕12 号文件），文件指出，产业兴旺是乡村振兴的重要基础，是解决农村一切问题的前提。近年来，缙云县按照习近平总书记"要脱贫也要致富，产业扶贫至关重要"的要求，把发展产业作为脱贫增收的根本之策，结合缙云实际，做深"乡愁文化＋特色产业"融合文章，以"缙云烧饼"品牌建设为抓手，努力把特色美食做成特色富民产业，成功探索出一条可复制、可推广的产业振兴、乡愁富民之路，助推乡村振兴战略高质量落地。培育发展缙云烧饼产业的成就得到了两任省委主要领导的充分肯定并作出批示，且引发周边县、市、区极大关注。

一、主体简介

1. 缙云烧饼品牌建设领导小组及其办公室　2014 年 2 月 26 日，县委、县政府成立缙云烧饼品牌建设领导小组，下设办公室，负责缙云烧饼品牌建设重大事项的组织协调工作，落实成员单位工作职责。按照标准化、规模化、品牌化的思路，打造缙云烧饼品牌，发展缙云烧饼产业。

2. 缙云烧饼协会　缙云县缙云烧饼协会于 2014 年 10 月成立，按市场经济规律及品牌发展规律，提升缙云烧饼的知名度和市场占有率，壮大缙云烧饼产业，帮助农民增收致富；组织协调缙云烧饼相关产业的科研、教育、种植、加工和流通，提高相关产业组织化程度；组织会员进行培训、技术咨询、信息交流，开展会展招商、产品推荐、市场营销等活动；协调会员与会员、会员与非会员，以及会员与其他行业生产者、经营者、消费者、其他社会组织的关系；参与有关法律、法规和政策的调研和讨论，参与制定产业发展规划、产业政策和产品标准；实行行业自律，维护行业信誉，防止无序竞争，研究市场动态，预测市场发展趋势，开拓国内外市场；根据法律、法规，承担政府部门委托的相关工作。

3. 主要成效　5 年多来，通过打造平台、畅通信息、规范管理、利益共享的运作实践，缙云烧饼协会会员从 100 多人发展到 900 多人。覆盖缙云烧饼、炉芯、烧饼桶等制作从业人员，小麦、蔬菜、生猪等种植、养殖从业人员，以及缙云烧饼服装、产品包装从业人员等全产业链从业人员。

5 年多来，缙云烧饼先后获得"浙江名小吃""中华名小吃""首届中国旅游金牌小吃"等荣誉称号；2016 年，缙云烧饼制作技艺被列入浙江省第五批非物质文化遗产名录，缙云烧饼协会获得"浙江省五一劳动奖状"；2018 年，缙云县被授予全省首批"浙江小吃之乡"称号，缙云烧饼成功注册地理标志证明商标和欧盟商标，品牌建设项目被评为"浙江省民生获得感示范工程"，实现产值 18 亿元，带动近 4 万农民实现增收致富，人均增收达 4.5 万元。在 2019 年第二届全国创业就业服务展示交流活动中，"缙云烧饼师傅创业培训"项目获得"优秀项目奖"。

（一）"缙云烧饼"品牌建设领导小组及其办公室

2014年2月26日，县委、县政府成立"缙云烧饼"品牌建设领导小组，下设办公室，负责"缙云烧饼"品牌建设重大事项的组织协调工作，落实成员单位工作职责

（二）缙云烧饼协会

2014年10月，成立缙云县缙云烧饼协会，按市场经济规律及品牌发展规律，提升缙云烧饼的知名度和市场占有率，壮大缙云烧饼产业，帮助农民增收致富

（三）主要成效

缙云烧饼协会会员从100多人发展到900多人。覆盖缙云烧饼、炉芯、烧饼桶等制作从业人员，小麦、蔬菜、生猪等种植、养殖从业人员，以及缙云烧饼服装、产品包装从业人员等全产业链从业人员

二、模式简介

1. 模式概括 自 2014 年启动缙云烧饼品牌建设工作以来，缙云县致力探索实施"政府主导＋自主创业"模式，成效显著。

（1）政府主导。缙云烧饼品牌建设初期，主要依靠政府推动，主要包括编制规划、制定行业标准、挖掘文化挖掘、舆论宣传、人才培养和食品安全管理。

（2）市场主体。市场是产业发展的主体，缙云烧饼以公司化、个体化自主创业为主，两条腿一起走路，目的是扩大影响、占领市场、提高效率、做大产业。

2. 发展策略

（1）明确思想理念。既重视"顶天立地"的骨干产业，更重视"铺天盖地"的草根产业的培育发展。

（2）明确发展方向。把缙云烧饼产业作为弘扬传统文化和促进农民增

收致富的重要举措来抓，通过打造缙云烧饼品牌，运用现代产业经营模式来培育发展缙云烧饼产业，把以缙云烧饼为龙头的缙云小吃产业打造成缙云县对外形象的新名片、富民增收的新产业。

（3）**明确工作抓手。**以品牌、师傅、示范店、特色村为抓手，全面推进产业发展。

3. 主要做法

（1）**突出精准扶持，实现政策惠民。**

一是扶持开设缙云烧饼示范店。制订实施《关于缙云烧饼品牌建设的实施意见》《缙云县"草根创业"专项行动方案（2016—2020年)》等专项政策，县财政每年安排500万元专项资金支持缙云烧饼品牌建设工作。为鼓励缙云烧饼师傅创业，凡是缙云烧饼师傅开示范店，县财政给予1万～3万元补助；缙云烧饼师傅创业中遇到资金困难，可以向泰隆商业银行和杭银村镇银行贷款，县财政给予50%的贴息。截至2019年，402家示范店获得653万元补助，43家示范店业主获得近12万元贴息。

二是扶持打造908小麦基地。为推动缙云烧饼全产业链发展，保障本地小麦的生产供应，自2016年以来，缙云县每年下发《关于切实抓好粮食产销工作的意见》，鼓励开展连片小麦种植。2016—2018年，全县908小麦种植面积从300亩扩大到7200多亩，市场价格达到7～8元/千克，是普通小麦最低保护价的3倍以上。

三是扶持发展缙云菜干产业。为确保缙云菜干品质，制订实施《关于促进缙云菜干产业发展实施意见》，县财政每年安排200万元专项资金扶持发展，并投入120万元补贴农户购买设备，指导推动相关企业、合作社规范提升。目前，已有两家企业通过SC认证。该县东方镇是菜干大镇，2015—2018年缙云菜干半成品收购价从8元/千克上升到15元/千克，其中2018年该镇菜干种植面积超过4000亩，平均亩产九头芥鲜菜5000多千克、亩产值7200多元，成为农民增收致富的主导产业。

四是扶持打造烧饼桶、炉芯等基地。为强化缙云烧饼产业链建设，加强对缙云烧饼桶、炉芯等扶持，经统一认定后将相关合作社加入缙云烧饼协会，列为定点供货基地，帮助农民持续稳定增收。缙云烧饼炉芯原产该县东山村，2014年—2018年，累计卖出烧饼炉芯5万多套，实现产值400多万元；同时，全县累计卖出木制烧饼桶2.3万多只，实现产值约2300万元。该县农民张云翔还成功研发电热烧饼桶和无油烟烧饼桶，获得了3项国家专利。

（2）**突出素质提升，打造人才梯队。**

一是建设基地化培训机构。建立电大缙云分校和缙云县职业中专壶镇分校两个免费培训基地，满足社会化培训需要；并建立创业就业指导中心和经验交流 QQ 群，开展创业就业指导服务工作，使缙云烧饼师傅得到全方位的技能培训和培训后的服务，已累计培训缙云烧饼师傅 10 472 人次。

二是实施系统化技能培训。根据产业发展要求，科学编制教材，合理安排课程，聘请知名师傅传授制作技术；同时开设理论、策划、营销等方面课程，培养工匠精神，让学员既能做烧饼师傅又能当烧饼老板。5 年多来，缙云烧饼师傅们在全国各地开出示范店 500 多家、草根摊点 6 000 多家，并把店开到了美国、意大利、澳大利亚等国家。

三是打造专业化人才队伍。在"培训机构基地化，培训内容系统化"基础上，发力从业人员专业化，在县职业中专开设 3 年制高级烧饼师傅、高级店长专业班，专门培养高级人才。截至 2019 年，已成功培育中级缙云烧饼师傅 213 人、高级缙云烧饼师傅 140 人、缙云烧饼大师 5 人。

（3）突出品牌建设，推进科学发展。

一是以规划强引领。2014 年，组织开展缙云烧饼产业现状调查，建立起 2 300 名缙云烧饼师傅数据库，制订《缙云烧饼产业发展初步规划》。经过两年的发展，着眼品牌中长期发展，高站位制订实施《"缙云烧饼"品牌战略和产业发展规划（2016—2030）》，通过全方位地规划设计，确保缙云烧饼可持续发展。

二是以文化作依托。通过深入挖掘整理缙云烧饼的黄帝文化、饮食文化、商贸文化及烧饼桶制作等特有工艺，讲好"文化饼""养生饼""致富饼"等故事，形成《缙云烧饼与黄帝文化的渊源》《缙云烧饼源流考》《漫谈缙云烧饼的来源》等研究成果，缙云烧饼制作技艺被列入浙江省第五批非物质文化遗产名录，并于 2018 年获注国家地理标志证明商标和欧盟商标，以文化和非物质文化遗产的力量为品牌建设铸魂。

三是以规范促提升。2014 年，制定丽水市首个特色小吃类市级地方标准《缙云烧饼制作规程》，实现注册商标、门店标准、制作工艺、原料标准、经营标准、培训内容"六统一"，有力弥补此前缙云烧饼自发式经营、品牌缺失、标准多样等短板，真正以规范管理实现品牌形象的跨越式提升，为缙云烧饼的标准化、连锁化运营插上腾飞的翅膀。

（4）突出宣传推广，塑造品牌形象。

一是聚焦烧饼节，打响品牌。在连续两年举办缙云特色小吃节的基础上，于 2014 年举办了首届缙云烧饼节，突出缙云烧饼品牌元素，游客达15 万人次，一炮打响；2015 年，缙云烧饼节共设摊位 117 个，5 天时间营业额达到 250 多万元，游客达到 30 多万人，被浙江省金秋购物节组委会评为"最受欢迎的特色活动"；2016 年，缙云烧饼节设置摊位 175 个、近 200 种小吃，实现营业额 400 多万元，被浙江省金秋购物节组委会评为"精品展会"；2017 年，缙云烧饼节同步举办浙江名小吃（名点心）全省选拔赛，除 200 多种本地小吃外，省内外 20 多家小吃参加；2018 年，缙云烧饼节同步举行"浙江小吃之乡"授牌仪式，开展"浙江点心大师（名师）""浙江小吃名店""浙江名点心（名小吃）"颁证和缙云烧饼特色村、缙云爽面特色村、缙云烧饼五好示范店授牌仪式等活动，缙云烧饼节逐步成为省内外知名节庆活动。

二是聚焦文艺活动，丰富内涵。缙云县与县工艺美校合作出版《缙云烧饼追的是绿富美》，图文并茂系统地介绍了缙云烧饼；与电大缙云分校联合出版了《乡愁记忆——缙云烧饼》等书籍；与文化馆合作编成婺剧《烧饼缘》在全市品牌故事演绎中获得第一名；与教育戏剧协会合作戏剧《缙云烧饼》进行巡演，缙云籍歌手基地小虎《缙云烧饼》歌曲唱响大江南北。

三是聚焦知名展会，扩大影响。参加各种展会是推广缙云烧饼最直接的办法，几年来缙云烧饼通过各种渠道参加了意大利-中国文化节；每年参加浙江省农业博览会、上海农业博览会等知名展会，连续多年获得了浙江厨师节获金奖、浙江省农业博览会金奖、金牌旅游小吃的荣誉，并参加 2018 年、2019 年香港国际美食节，缙云烧饼品牌知名度得到极大提升。缙云烧饼也先后登上《浙江日报》《人民日报》《农民日报》、央视《中国早餐》、央视《每日农经》、央视《华人世界》、新华网、中新网、新华网等国家级主流媒体，并广获赞誉。

三、利益联结机制

为确保缙云烧饼产业可持续发展，缙云县创新实施"农户＋合作社（基地）＋协会"的利益联结机制，实现会员信息互通、利益共享、助农增收。

1. 农户入会享受补助 缙云烧饼师傅经过技能培训并经授权后，即可成为缙云烧饼协会会员；在此基础上，经营示范店满半年，并经过验收通过后，即可享受开店补助。

2. 农户创业享受贷款政策 缙云烧饼协会与泰隆商业银行、杭银村镇银行建立授信关系，两家银行每年给予 2 000 万元授信，支持会员创业。

3. 合作社入会定点供货 经缙云烧饼协会认可后，生产缙云菜干、烧饼桶、原辅料等专业合作社即可成为协会会员和定点供货基地，实现稳定供货。

四、主要成效

1. 经济效益　缙云烧饼产业发展壮大，激活了烧饼炉芯、烧饼桶、缙云菜干、烧饼包装、烧饼文化等相关行业，传统产业吸引了越来越多的人参与，呈现出强劲的发展态势，帮助越来越多人脱贫致富。2014—2018年，以缙云烧饼为龙头的缙云小吃产业营业收入从 4 亿元攀升至 18 亿元，带动相关产业近 4 万人增收致富。目前，缙云烧饼示范店开到了全国 20 多个省、直辖市、自治区，开到了全国 50 多所高校食堂，开进了浙江省政府、丽水市政府机关食堂，开到了全国 20 多处高速公路服务区，开到了世界 10 多个国家和地区，缙云这个古老的地方也随着缙云烧饼走向全国，走向世界。

2. 社会效益　美食、美景是一个地方的标签。通过 5 年多的努力，缙云烧饼的知名度和美誉度极大提升，在全县上下形成了一股创业、创新热情，激活了整个烧饼产业，打出了一张缙云的"金名片"，并在全社会形成了独特的"缙云烧饼现象"。缙云烧饼品牌建设的成功得到了两任省委主要领导的充分肯定。品牌建设成功也引发了周边县、市、区极大关注，缙云烧饼办公室仅 2018 年就接待了 50 多批次学习取经、研究团队。

3. 生态效益　作为浙江省重要的绿色生态屏障，缙云县坚定不移走"绿水青山就是金山银山"的绿色生态发展之路，扎实推进生态经济化、经济生态化，实现生态美与百姓富的统一。近年来成功成为国家级生态县、国家级生态示范区、首批"两美"浙江特色体验地等，拥有百岁以上老人 86 位、90 岁以上老人 2 099 位、80 岁以上老人 16 454 位。目前，正大力推进省级山水林田湖草生态保护修复试点。2018 年，实现城乡居民人均可支配收入分别为 41 555 元、19 571 元，同比增长 8.7%、10.5%，其中农村常住居民人均可支配收入增幅居全省第一。

五、启示

1. 找准关键，精准发力　缙云烧饼产业基础好、风险低，是适合农民创业就业、增收致富的产业，缙云县就找准该产业发力。为此，创新实施"农户＋合作社（基地）＋协会"模式，同时聚焦烧饼师傅这个关键点，通过开展针对性、实用性的技能培训，成功打造一支制作技能过硬、带动力强、影响面广的缙云烧饼师傅队伍，实现富民增收。

2. 品牌引领，整合联动　包括缙云县在内的丽水 9 个县、市、区都是全省 26 个加快发展县，各地产业小而散、知名度不高，若仅仅进行传统运营，各自发展难以成功。为有效推动缙云烧饼产业品牌化建设，缙云县运用现代产业经营模式来培育缙云烧饼品牌，并依托"丽水山耕"品牌共建，对缙云菜干、土麦等相关产业进行整合联动，树立缙云县的整体区域品牌形象。

3. 精心谋划，创新发展 品牌建设之初，缙云县就树立了既要打造"顶天立地"的骨干企业，更要培育发展"铺天盖地"的草根，并为此进行了诸多创新和努力。例如，创新实施"六统一""两集中"模式，成立缙云烧饼办公室、组建缙云烧饼协会、开设缙云烧饼班、举办缙云烧饼节；制订出台《关于推进缙云烧饼品牌建设的若干意见》等，推动品牌化、产业化运作发展。

找准关键，精准发力
品牌引领，整合联动
精心谋划，创新发展

附　录

附录 1　国务院办公厅关于发挥品牌引领作用推动供需结构升级的意见

国办发〔2016〕44 号

各省、自治区、直辖市人民政府，国务院各部委、各直属机构：

品牌是企业乃至国家竞争力的综合体现，代表着供给结构和需求结构的升级方向。当前，我国品牌发展严重滞后于经济发展，产品质量不高、创新能力不强、企业诚信意识淡薄等问题比较突出。为更好发挥品牌引领作用、推动供给结构和需求结构升级，经国务院同意，现提出以下意见：

一、重要意义

随着我国经济发展，居民收入快速增加，中等收入群体持续扩大，消费结构不断升级，消费者对产品和服务的消费提出更高要求，更加注重品质，讲究品牌消费，呈现出个性化、多样化、高端化、体验式消费特点。发挥品牌引领作用，推动供给结构和需求结构升级，是深入贯彻落实创新、协调、绿色、开放、共享发展理念的必然要求，是今后一段时期加快经济发展方式由外延扩张型向内涵集约型转变、由规模速度型向质量效率型转变的重要举措。发挥品牌引领作用，推动供给结构和需求结构升级，有利于激发企业创新创造活力，促进生产要素合理配置，提高全要素生产率，提升产品品质，实现价值链升级，增加有效供给，提高供给体系的质量和效率；有利于引领消费，创造新需求，树立自主品牌消费信心，挖掘消费潜力，更好发挥需求对经济增长的拉动作用，满足人们更高层次的物质文化需求；有利于促进企业诚实守信，强化企业环境保护、资源节约、公益慈善等社会责任，实现更加和谐、更加公平、更可持续的发展。

二、基本思路

按照党中央、国务院关于推进供给侧结构性改革的总体要求，积极探索有效路径和方法，更好发挥品牌引领作用，加快推动供给结构优化升级，适应引领需求结构优化升级，为经济发展提供持续动力。以发挥品牌引领作用为切入点，充分发挥市场决定性作用、企业主体作用、政府推动作用和社会参与作用，围绕优化政策法规环境、提高企业综合竞争力、营造良好社会氛围，大力实施品牌基础建设工程、供给结构升级工程、需求结构升级工程，增品种、提品质、创品牌，提高供给体系的质量和效率，满足居民消费升级需求，扩大国内消费需求，引导境外消费回流，推动供给总量、供给结构更好地适应需求总量、需求结构的发展变化。

三、主要任务

发挥好政府、企业、社会作用，立足当前，着眼长远，持之以恒，攻坚克难，着力解决制约品牌发展和供需结构升级的突出问题。

（一）进一步优化政策法规环境。加快政府职能转变，创新管理和服务方式，为发挥品牌引领作用推动供给结构和需求结构升级保驾护航。完善标准体系，提高计量能力、检验检测能力、认证认可服务能力、质量控制和技术评价能力，不断夯实质量技术基础。增强科技创新支撑，为品牌发展提供持续动力。健全品牌发展法律法规，完善扶持政策，净化市场环境。加强自主品牌宣传和展示，倡导自主品牌消费。

（二）切实提高企业综合竞争力。发挥企业主体作用，切实增强品牌意识，苦练内功，改善供给，适应需求，做大做强品牌。支持企业加大品牌建设投入，增强自主创新能力，追求卓越质量，不断丰富产品品种，提升产品品质，建立品牌管理体系，提高品牌培育能力。引导企业诚实经营，信守承诺，积极履行社会责任，不断提升品牌形象。加强人才队伍建设，发挥企业家领军作用，培养引进品牌管理专业人才，造就一大批技艺精湛、技术高超的技能人才。

（三）大力营造良好社会氛围。凝聚社会共识，积极支持自主品牌发展，助力供给结构和需求结构升级。培养消费者自主品牌情感，树立消费信心，扩大自主品牌消费。发挥好行业协会桥梁作用，加强中介机构能力建设，为品牌建设和产业升级提供专业有效的服务。坚持正确舆论导向，关注自主品牌成长，讲好中国品牌故事。

四、重大工程

根据主要任务，按照可操作、可实施、可落地的原则，抓紧实施以下重大工程。

（一）品牌基础建设工程。围绕品牌影响因素，打牢品牌发展基础，为发挥品牌引领作用创造条件。

1. 推行更高质量标准。加强标准制修订工作，提高相关产品和服务领域标准水平，推动国际国内标准接轨。鼓励企业制定高于国家标准或行业标准的企业标准，支持具有核心竞争力的专利技术向标准转化，增强企业市场竞争力。加快开展团体标准制定等试点工作，满足创新发展对标准多样化的需要。实施企业产品和服务标准自我声明公开和监督制度，接受社会监督，提高企业改进质量的内生动力和外在压力。

2. 提升检验检测能力。加强检验检测能力建设，提升检验检测技术装备水平。加快具备条件的经营性检验检测认证事业单位转企改制，推动检验检测认证服务市场化进程。鼓励民营企业和其他社会资本投资检验检测服务，支持具备条件的生产制造企业申请相关资质，面向社会提供检验检测服务。打破部门垄断和行业壁垒，营造检验检测机构平等参与竞争的良好环境，尽快形成具有权威性和公信力的第三方检验检测机构。加强国家计量基本标准建设和标准物质研究，推进先进计量技术和方法在企业的广泛应用。

3. 搭建持续创新平台。加强研发机构建设，支持有实力的企业牵头开展行业共性关键技术攻关，加快突破制约行业发展的技术瓶颈，推动行业创新发展。鼓励具备条件的企业建设产品设计创新中心，提高产品设计能力，针对消费趋势和特点，不断开发新产品。支持重点企业利用互联网技术建立大数据平台，动态分析市场变化，精准定位消费需求，为开展服务创新和商业模式创新提供支撑。加速创新成果转化成现实生产力，催生经济发展新动能。

4. 增强品牌建设软实力。培育若干具有国际影响力的品牌评价理论研究机构和品牌评价机构，开展品牌基础理论、价值评价、发展指数等研究，提高品牌研究水平，发布客观公正的品牌价值评价结果以及品牌发展指数，逐步提高公信力。开展品牌评价标准建设工作，完善品牌评价相关国家标准，制定操作规范，提高标准的可操作性；积极参与品牌评价相关国际标准制定，推动建立全球统一的品牌评价体系，增强我国在品牌评价中的国际话语权。鼓励发展一批品牌建设中介服务企业，建设一批品牌专业化服务平台，提供设计、营销、咨询等方面的专业服务。

（二）供给结构升级工程。以增品种、提品质、创品牌为主要内容，从一二三产业着手，采取有效举措，推动供给结构升级。

1. 丰富产品和服务品种。支持食品龙头企业提高技术研发和精深加工能力，针对特殊人群需求，生产适销对路的功能食品。鼓励有实力的企业针对工业消费品市场热点，加快研发、设计和制造，及时推出一批新产品。支持企业利用现代信息技术，推进个性化定制、柔性化生产，满足消费者差异化需求。开发一批有潜质的旅游资源，形成以旅游景区、旅游度假区、旅游休闲区、国际特色旅游目的地等为支撑的现代旅游业品牌体系，增加旅游产品供给，丰富旅游体验，满足大众旅游需求。

2. 增加优质农产品供给。加强农产品产地环境保护和源头治理，实施严格的农业投入品使用管理制度，加快健全农产品质量监管体系，逐步实现农产品质量安全可追溯。全面提升农产品质量安全等级，大力发展无公害农产品、绿色食品、有机农产品和地理标志农产品。参照出口农产品种植和生产标准，建设一批优质农产品种植和生产基地，提高农产品质量和附加值，满足中高端需求。大力发展优质特色农产品，支持乡村创建线上销售渠道，扩大优质特色农产品销售范围，打造农产品品牌和地理标志品牌，满足更多消费者需求。

3. 推出一批制造业精品。支持企业开展战略性新材料研发、生产和应用示范，提高新材料质量，增强自给保障能力，为生产精品提供支撑。优选一批零部件生产企业，开展关键零部件自主研发、试验和制造，提高产品性能和稳定性，为精品提供可靠性保障。鼓励企业采用先进质量管理方法，提高质量在线监测控制和产品全生命周期质量追溯能力。支持重点企业瞄准国际标杆企业，创新产品设计，优化工艺流程，加强上下游企业合作，尽快推出一批质量好、附加值高的精品，促进制造业升级。

4. 提高生活服务品质。支持生活服务领域优势企业整合现有资源，形成服务专业、覆盖面广、影响力大、放心安全的连锁机构，提高服务质量和效率，打造生活服务企业品牌。鼓励社会资本投资社区养老建设，采取市场化运作方式，提供高品质养老服务供给。鼓励有条件的城乡社区依托社区综合服务设施，建设生活服务中心，提供方便、可信赖的家政、儿童托管和居家养老等服务。

（三）需求结构升级工程。发挥品牌影响力，切实采取可行措施，扩大自主品牌产品消费，适应引领消费结构升级。

1. 努力提振消费信心。统筹利用现有资源，建设有公信力的产品质量信息平台，全面、及时、准确地发布产品质量信息，为政府、企业和教育科研机构等提供服务，为消费者判断产品质量高低提供真实可信的依据，便于选购优质产品，通过市场实现优胜劣汰。结合社会信用体系建设，建立企业诚信管理体系，规范企业数据采集，整合现有信息资源，建立企业信用档案，逐步加大信息开发利用力度。鼓励中介机构开展企业信用和社会责任评价，发布企业信用报告，督促企业坚守诚信底线，提高信用水平，在消费者心目中树立良好企业形象。

2. 宣传展示自主品牌。设立"中国品牌日"，大力宣传知名自主品牌，讲好中国品牌故事，提高自主品牌影响力和认知度。鼓励各级电视台、广播电台以及平面、网络等媒体，在重要时段、重要版面安排自主品牌公益宣传。定期举办中国自主品牌博览会，在重点出入境口岸设置自主品牌产品展销厅，在世界重要市场举办中国自主品牌巡展推介会，扩大自主品牌的知名度和影响力。

3. 推动农村消费升级。加强农村产品质量安全和消费知识宣传普及，提高农村居民质量安全意识，树立科学消费观念，自觉抵制假冒伪劣产品。开展农村市场专项整治，清理"三无"产品，拓展农村品牌产品消费的市场空间。加快有条件的乡村建设光纤网络，支持电商及连锁商业企业打造城乡一体的商贸物流体系，保障品牌产品渠道畅通，便捷农村消费品牌产品，让农村居民共享数字化生活。深入推进新型城镇化建设，释放潜在消费需求。

4. 持续扩大城镇消费。鼓励家电、家具、汽车、电子等耐用消费品更新换代，适应绿色环保、方便快捷的生活需求。鼓励传统出版企业、广播影视与互联网企业合作，加快发展数字出版、网络视听等新兴文化产业，扩大消费群体，增加互动体验。有条件的地区可建设康养旅游基地，提供养老、养生、旅游、度假等服务，满足高品质健康休闲消费需求。合理开发利用冰雪、低空空域等资源，发展冰雪体育和航空体育产业，支持冰雪运动营地和航空飞行营地建设，扩大体育休闲消费。推动房车、邮轮、游艇等高端产品消费，满足高收入群体消费升级需求。

五、保障措施

（一）净化市场环境。建立更加严格的市场监管体系，加大专项整治联合执法行动力度，实现联合执法常态化，提高执法的有效性，追究执法不力责任。严厉打击侵犯知识产权和制售假冒伪劣商品行为，依法惩治违法犯罪分子。破除地方保护和行业壁垒，有效预防和制止各类垄断行为和不正当竞争行为，维护公平竞争市场秩序。

（二）清除制约因素。清理、废除制约自主品牌产品消费的各项规定或做法，形成有利于发挥品牌引领作用、推动供给结构和需求结构升级的体制机制。建立产品质量、知识产权等领域失信联合惩戒机制，健全黑名单制度，大幅提高失信成本。研究提高违反产品质量法、知识产权保护相关法律法规等犯罪行为的量刑标准，建立商品质量惩罚性赔偿制度，对相关企业、责任人依法实行市场禁入。完善汽车、计算机、家电等耐用消费品举证责任倒置制度，降低消费者维权成本。支持高等院校开设品牌相关课程，培养品牌创建、推广、维护等专业人才。

（三）制定激励政策。积极发挥财政资金引导作用，带动更多社会资本投入，支持自主品牌发展。鼓励银行业金融机构向企业提供以品牌为基础的商标权、专利权等质押贷款。发挥国家奖项激励作用，鼓励产品创新，弘扬工匠精神。

（四）抓好组织实施。各地区、各部门要统一思想、提高认识，深刻理解经济新常态下发挥品牌引领作用、推动供给结构和需求结构升级的重要意义，切实落实工作任务，扎实推进重大工程，力争尽早取得实效。国务院有关部门要结合本部门职责，制定出台具体的政策措施。各省级人民政府要结合本地区实际，制定出台具体的实施方案。

国务院办公厅

2016 年 6 月 10 日

附录2 农业农村部关于加快推进品牌强农的意见

农市发〔2018〕3号

各省、自治区、直辖市及计划单列市农业（农牧、农村经济）、农机、畜牧、兽医、农垦、农产品加工、渔业（水利）厅（局、委、办），新疆生产建设兵团农业局：

党的十九大报告提出实施乡村振兴战略。2018年中央1号文件提出质量兴农之路，突出农业绿色化、优质化、特色化、品牌化，全面推进农业高质量发展。品牌建设贯穿农业全产业链，是助推农业转型升级、提质增效的重要支撑和持久动力。为贯彻落实中央精神，深入推进品牌强农，现提出如下意见。

一、充分认识新时期加快品牌强农的重要意义

（一）品牌强农是经济高质量发展的迫切要求

品牌是市场经济的产物，是农业市场化、现代化的重要标志。当前，我国经济发展进入质量效率型集约增长的新阶段，处于转换增长动力的攻关期。加快推进品牌强农，有利于促进生产要素更合理配置，催生新业态、发展新模式、拓展新领域、创造新需求，促进乡村产业兴旺，加快农业转型升级步伐。

（二）品牌强农是推进农业供给侧结构性改革的现实路径

农业品牌化是改善农业供给结构、提高供给质量和效率的过程。加快推进品牌强农，有利于更好发挥市场需求的导向作用，减少低端无效供给，增加绿色优质产品，提升农业生态服务功能，更好满足人民日益增长的美好生活需要，使农业供需关系在更高水平上实现新的平衡。

（三）品牌强农是提升农业竞争力的必然选择

品牌是国家的名片，民族品牌更是代表着国家的经济实力、软实力以及企业的核心竞争力。当前，我国农业品牌众多，但杂而不亮。加快推进品牌强农，有利于提高我国农业产业素质，弘扬中华农耕文化，树立我国

农产品良好国际形象，提升对外合作层次与开放水平，增强我国农业在全球竞争中的市场号召力和影响力。

（四）品牌强农是促进农民增收的有力举措

品牌是信誉、信用的集中体现，是产品市场认可度的有力保证。加快推进品牌强农，有利于发挥品牌效应，进一步挖掘和提升广大农村优质农产品资源的价值，促进千家万户小农户有效对接千变万化大市场，增强农民开拓市场、获取利润的能力，更多分享品牌溢价收益。

二、总体要求

（一）指导思想

全面落实党的十九大精神，深入贯彻习近平新时代中国特色社会主义思想，践行新发展理念，按照乡村振兴战略的部署要求，以推进农业供给侧结构性改革为主线，以提质增效为目标，立足资源禀赋，坚持市场导向，提升产品品质，注重科技支撑，厚植文化底蕴，完善制度体系，着力塑造品牌特色，增强品牌竞争力，加快构建现代农业品牌体系，培育出一批"中国第一，世界有名"的农业品牌，促进农业增效、农民增收和农村繁荣，推动我国从农业大国向品牌强国转变。

（二）基本原则

坚持品质与效益相结合。严把农产品质量安全关，坚持质量第一、效益优先。品质是品牌的前提和基础，是抵御市场风险的基石，要以工匠精神着力提升产品品质，通过规模化提高综合效益，推动品牌建设又快又好发展。

坚持特色与标准相结合。立足资源禀赋和产业基础，充分发挥标准化的基础保障、技术引领、信誉保证作用，突出区域农产品的差异化优势，以特色塑造品牌的独特性，以标准确保品牌的稳定性。

坚持传承与创新相结合。农业品牌建设要在传承中创新，在创新中传承，既要保护弘扬中华农耕文化，延续品牌历史文脉，又要着力增强自主创新能力，与现代元素充分结合，提升产品科技含量，增强品牌国际竞争力。

坚持市场主导与政府推动相结合。发挥好政府与市场在品牌培育中的作用，强化政府服务意识，加强政策引导、公共服务和监管保护，为品牌发展营造良好环境。强化企业主体地位，弘扬企业家精神，激发品牌创造活力和发展动能。

（三）发展目标

力争 3～5 年，我国农业品牌化水平显著提高，品牌产品市场占有率、消费者信任度、溢价能力明显提升，中高端产品供给能力明显提高，品牌带动产业发展和效益提升作用明显增强。国家级、省级、地市级、县市级多层级协同发展、相互促进的农业品牌梯队全面建立，规模化生产、集约化经营、多元化营销的现代农业品牌发展格局初步形成。重点培育一批全国影响力大、辐射带动范围广、国际竞争力强、文化底蕴深厚的国家级农业品牌，打造 300 个国家级农产品区域公用品牌，500 个国家级农业企业品牌，1 000 个农产品品牌。

三、主要任务

（一）筑牢品牌发展基础

将品质作为品牌发展的第一要义，坚持市场导向、消费者至上，把安全、优质、绿色作为不断提升产品和服务质量的基本要求。统筹农业生产、加工、冷链物流等设施项目建设，建设一批规范标准、生态循环的农产品种养加基地，加快推进农产品生产的规模化、产业化、集约化，提高农产品供给能力。着力构建现代农业绿色生产体系，将产品安全、资源节约、环境友好贯穿始终，将绿色生态融入品牌价值。大力推进标准体系建设，建立健全农产品生产标准、加工标准、流通标准和质量安全标准，推进不同标准间衔接配套，形成完整体系。加强绿色、有机和地理标志认证与管理，强化农业品牌原产地保护。加快构建农产品质量安全追溯体系，强化农产品质量安全全程监管。加强品牌人才培养，以新型经营主体为重点，建设专业素质高、创新能力强、国际视野广的人才队伍，提高品牌经营管理水平。

（二）构建农业品牌体系

结合资源禀赋、产业基础和文化传承等因素，制定具有战略性、前瞻性的品牌发展规划。培育差异化竞争优势的品牌战略实施机制，构建特色鲜明、互为补充的农业品牌体系，提升产业素质和品牌溢价能力。建设和管理农产品区域公用品牌是各级政府的重要职责，以县域为重点加强品牌授权管理和产权保护，有条件的地区要与特色农产品优势区建设紧密结合，一个特优区塑强一个区域公用品牌。结合粮食生产功能区、重要农产品生产保护区及现代农业产业园等园区建设，积极培育粮棉油、肉蛋奶等"大而优"的大宗农产品品牌。以新型农业经营主体为主要载体，创建地域特色鲜明"小而美"的特色农产品品牌。农业企业要充分发挥组织化、产业化优势，与原料基地建设相结合，加强自主创新、质量管理、市场营销，打造具有较强竞争力的企业品牌。

（三）完善品牌发展机制

建立农业品牌目录制度，组织开展品牌目录标准制定、品牌征集、审核推荐、评价认定和培育保护等活动，发布品牌权威索引，引导社会消费。目录实行动态管理，对进入目录的品牌实行定期审核与退出机制。鼓励和引导品牌主体加快商标注册、专利申请、"三品一标"认证等，规范品牌创建标准。结合"三区一园"建设，创新民间投资机制，推动资源要素在品牌引领下集聚，形成品牌与园区共建格局。农业农村部门要加强与发改、财政、商务、海关、市场监管等部门的协同配合，形成创品牌、管品牌、强品牌的联动机制。建立健全农业品牌监管机制，加大套牌和滥用品牌行为的惩处力度。加强品牌中介机构行为监管，严格规范品牌评估、评定、评价、发布等活动，禁止通过品牌价值评估、品牌评比排名等方式变相收费，严肃处理误导消费者、扰乱市场秩序等行为。构建危机处理应急机制，引导消费行为，及时回应社会关切。完善农业品牌诚信体系，构建社会监督体系，将品牌信誉纳入国家诚信体系。

（四）挖掘品牌文化内涵

中华农耕文化是我国农业品牌的精髓和灵魂。农业品牌建设要不断丰富品牌内涵，树立品牌自信，培育具有强大包容性和中国特色的农业品牌文化。深入挖掘农业的生产、生活、生态和文化等功能，积极促进农业产业发展与农业非物质文化遗产、民间技艺、乡风民俗、美丽乡村建设深度融合，加强老工艺、老字号、老品种的保护与传承，培育具有文化底蕴的中国农业品牌，使之成为走向世界的新载体和新符号。充分挖掘农业多功能性，使农业品牌业态更多元、形态更高级。研究并结合品牌特点，讲好农业品牌故事，大力宣扬勤劳勇敢的中国品格、源远流长的中国文化、尚农爱农的中国情怀，以故事沉淀品牌精神，以故事树立品牌形象。充分利用各种传播渠道，开展品牌宣传推介活动，加强国外受众消费习惯的研究，在国内和国外同步发声，增强中国农业品牌在全世界的知名度、美誉度和影响力。

（五）提升品牌营销能力

以消费需求为导向，以优质优价为目标，推动传统营销和现代营销相融合，创新品牌营销方式，实施精准营销服务。全面加强品牌农产品包装标识使用管理，提高包装标识识别度和使用率。充分利用农业展会、产销对接会、产品发布会等营销促销平台，借助大数据、云计算、移动互联等现代信息技术，拓宽品牌流通渠道。探索建立多种形式的品牌农产品营销平台，鼓励专柜、专营店建设，扩大品牌农产品市场占有率。大力发展农业农村电子商务，加快品牌农产品出村上行。聚焦重点品种，着力加强市场潜力大、具有出口竞争优势的农业品牌建设。加大海外营销活动力度，支持有条件的农业企业"走出去"，鼓励参加国际知名农业展会，提升我国农业品牌的影响力和渗透力。支持建设境外中国农业展示展销中心，搭建国际农产品贸易合作平台。

四、保障措施

（一）加强组织领导

各地要深刻认识品牌强农的重要意义，以质量第一、品牌引领为工作导向，纳入各级领导的重要议事日程，持续发力、久久为功，推动农业高质量发展。各级农业农村部门要加快构建职责明确、协同配合、运作高效的工作机制。农业农村部统筹负责全国农业品牌建设的政策创设和组织实施。地方农业农村部门牵头负责本地农业品牌建设和管理，制定实施方案，将农业品牌建设纳入年度工作考核任务。

（二）加大政策支持

鼓励地方整合涉农资金，集中力量支持农业品牌建设的重点区域和关键环节。各级农业农村部门要整合内部资源，安排专项资金，采取多种形式加大对农产品区域公用品牌的扶持力度。发挥财政资金引导作用，撬动社会资本参与企业品牌和特色农产品品牌建设。引导银行、证券等金融机构参与农业品牌建设，创新投融资方式，拓宽资金来源渠道。

（三）加强示范引领

鼓励和支持各地采用多种方式强化宣传推介，营造全社会发展品牌、消费品牌、保护品牌的良好氛围。各级农业农村部门要结合本地实际，推选一批农业品牌，树立一批市场主体，总结一批典型经验，以品牌建设引领现代农业产业发展。综合利用各类媒体媒介，推出具有较强宣传力和影响力的品牌推介活动。

（四）完善公共服务

各级农业农村部门要增强市场主体服务意识、提升服务水平，鼓励支持行业协会、品牌主体等开展标准制定、技术服务、市场推广、业务交流、品牌培训等业务，建立完善的品牌社会化服务体系。强化中介机构能力建设，提升品牌设计、营销、咨询、评价、认证等方面的专业化服务水平。加强信息报送和政策宣传，努力营造全社会关心、支持农业品牌建设的良好氛围。

农业农村部

2018 年 6 月 26 日